天下人(てんかびと)の一級史料

秀吉文書の真実

山本博文

柏書房

はじめに

史料には、一級史料と呼ばれるものがあります。歴史学の素材としてたいへん重要な内容があるもの、有名な人物の手になるもの、新たな発見をもたらすものなどをそう呼びますが、必ずしもきちんとした定義のある用語ではありません。

しかし、誰が見ても一級史料だという文書はあります。天下人の時代、具体的には豊臣秀吉が覇権を握り、関白となった天正十三（一五八五）年七月以降で言えば、その後の日本を決定づける重要な政策、すなわち百姓から武器を没収した刀狩令、兵と農の分離を命じたとされる「身分法令」、キリスト教宣教師の追放を命じたバテレン追放令などは、まぎれもない一級史料です。

これらは秀吉の朱印が捺してある「朱印状」ですから、秀吉の花押はなく、もちろん直筆でもありません。文書作成を任務とする右筆が秀吉の代わりに書いたものです。その意味では、秀吉の直筆のものにくらべ骨董的な価値は劣りますが、逆に内容ははるかに充実しています。

私は、これらの一級史料を取り上げ、すでに崩し字がある程度読める人を対象に、文書を読むだけでなく、文書からいかに多くの情報を引き出すことができるかをテーマに、中級者向けの解説書を執筆するつもりでした。

それぞれの文書を正しく読むだけではなく、行間まで読み込み、紙質や大きさ、収蔵状況などを考えあわせることによって、どれだけ通説以上の知見が見いだせるだろうかと考えて始めた作業は、予想以上に大きな成果をもたらしてくれました。教科書にもよく載せられている史料でありながら、実際にはその文書に即した研究がされていなかったり、諸説あって定説がなかったり、現代語訳すら正しくなされていないものがあったのです。

これは、私にとって驚きでした。おそらく、一級史料としてよく知られているだけに、すでに詳細な検討がなされていると思い、研究の素材として正面から取り上げる研究者が少なかったのでしょう。

たとえば、東京大学史料編纂所が所蔵する国宝・島津家文書にある刀狩令は、整理作業や展示などの際、何度も見ています。しかし、今回、あらためて他の刀狩令と比較して見ると、漢字とかなの使い分けがずいぶん違っているだけでなく、まったく違う言い回しまであることに気づきました。その上、島津家文書には、刀狩令が二通もあったのです。

この場合、片方が片方の写しであると考えるのが普通ですが、島津家文書の刀狩令は、二通とも朱印が捺してあります。他の刀狩令を調査して見ると、立花家文書にも二通の刀狩令があることがわかりました。

これは、どういうことでしょうか。こうした疑問は大切です。疑問から新しい研究課題が芽生え、関係する史料を調査し、さまざまに考えていくことで、研究が進んでいくのです。

史料を読んで生じた疑問を解いていくことは、歴史家にとってはこのうえない楽しみです。本書では、刀狩令だけではなく、「人掃令」や「身分法令」、バテレン追放令などに研究対象が広がっていきました。こうして、本書の構想は、秀吉文書の読み込みだけではなく、豊臣政権論の再検討にまで広がっていくことになりました。尊敬する諸先学の学説を批判している部分もありますが、それも諸先学の業績あってのことですので、ご容赦いただきたいと思います。

本書は、研究者だけを対象としたものではないため、執筆の際には、引用した史料に現代語訳を付けました。これは、古文書に興味がある読者や秀吉や秀吉が生きた時代をもっと知りたいという読者に配慮してのことです。また、上手な現代語訳の仕方や文書を分析する際の留意点、文書を正しく理解するための手法なども書き込んでいます。

また、原本を見てみたい読者のために、できるだけ多くの一級史料の写真を入れました。おそらく、研究者でも、これだけの原本を見たことはないはずです。研究者以外の読者の方も、ぜひ、原本の写真を眺めて文字を読み取り、本書の原文と対照したり、自分の解釈と本書の現代語訳を比べてみてください。こうした作業を行ってみることによって、ますます歴史のおもしろさがわかってくると思います。

ちなみに、古文書の原文を書き起こしたものを「釈文（しゃくもん）」といいます。原文には句読点がありませんが、釈文ではどのように読んだかを示すため、伝統的に読点だけを補います。本書でもこれに従いました。原文は漢文的な語順を含み、濁点がなく、かなや変体がなが多用されている（本書では変体がなは普通のかなに直しました）ので、最初はわかりにくいと思います。書き下し文は煩雑になることを考慮して入れませんでしたが、最初の方の釈文には漢文的な語順に振りがなを振って読めるようにしましたので、次第に慣れてきて、最後の方は振りがなのない原文もすらすらと読めるようになっていると思います。

天下人の一級史料——秀吉文書の真実　目次

第2章　「御取次之筋目」とはなにか　208

第3章　五大老・五奉行制をめぐって　227

補講　「直江状」の真偽　243

第一講　刀狩令

第1章

島津家文書の二通の刀狩令

実はよくわかっていない刀狩令

豊臣秀吉の政策の中で、第一に有名なものは刀狩令だと思います。百姓から刀・脇差・弓・鑓・鉄炮などの武器を取り上げ、刀を武士身分の者だけの所有とすることで、兵農分離を実現する一手段とした、と評価される法令です。

今回、刀狩令を取り上げるにあたって、多くの刀狩令原本を調査し、それがかなわなかったものは写真で検討しましたが、実にさまざまな疑問が出てきました。研究し尽くされていたと思っていた刀狩令ですが、原本に即して分析した研究は実はなかったのです。

三鬼清一郎氏が秀吉文書を集大成した目録『豊臣秀吉文書目録』（一九八九年）を見ると、『大日本古文書　小早川家文書之一』所収の天正十六年七月八日付けのものと、『大日本古

文書　島津家文書之二』所収の天正十六（一五八八）年七月付けのものの二通しか採録されていません。当然三鬼氏はほかにも刀狩令が存在していることを知っているはずですが、この二通で代表させてしまったのです。

刀狩令の本質を見極める

しかし、秀吉の刀狩令を検討する場合、それがどこの大名家に残されているかという情報そのものが貴重な「史料」です。数多く残されているとされる刀狩令ですが、実はそれほど残っているわけではありません。これまでの研究では、原本と写しを区別せず論じていたり、後世の写しまで原本同様に扱っていて、数が水増しされていました。どこに原本が残り、写しであればその写しの性格がどのようなものなのかを検討しなければ、刀狩令の本質を見極めることはできないはずです。

刀狩令が出された天正十六年七月段階の秀吉の勢力範囲は、刀狩令を伝える大名家を並べることで、ある程度わかるはずです。たとえば、江戸幕府を開いた徳川家の史料には、本来刀狩令がありません。これは、その頃の文書が明暦の大火で失われたことを考えれば、本来はあった文書が失われた可能性もないわけではありませんが、おそらく家康には刀狩令が渡されなかったと考えられます。そうだとすれば、秀吉と家康の力関係を判断する材料にもなります。

逆に、秀吉子飼いの大名には、交付するまでもないということで渡されていないようですが、加藤清正には渡されています。これは、刀狩令発布の契機とされる肥後の国一揆の後に肥後に入る清正だからこそ渡されたのでしょう。このように、刀狩令の残存事例を並べることは、豊臣政権の政治地図を描く上で非常に重要な判断材料となるのです。

刀狩令の原本を読む

まず、刀狩令の原本として最も信頼がおけると思われる国宝・島津家文書に収められた秀吉朱印状（架蔵番号二―一六―一〇、以下〔刀狩令・島津①〕）を検討していきましょう[*1]（『大日本古文書　島津家文書之一』三五三号文書）。

【釈文】

条々

一(ひとつ)、諸国百姓等、刀・わきさし・弓・鑓・鉄炮、其外武具のたくひ(類)所持候事、かたく御停止候、其子細ハ、不入たうくあひたくはへ、年貢所當を難渋せしめ、一揆を企、自然給人に対し非儀之動をなす族、勿論御成敗あるへし、然ハ其所の田畠令不作、知行ついへに成候間、其国主、給人、代官等として、右武具悉取あつめ、可致進上事、

一、右取をかるへき刀わきさし、ついへにさせらるへき儀にあらす、今度大仏御建立候釘かすかいに被仰付へし、然ハ今生之儀は不及申、来世迄も百姓相たすかる儀に候事、

一、百姓ハ農具さへもち、耕作を専に仕候へハ、子々孫々まて長久に候、百姓御あはれミを以て如此被仰出候、誠国土安全、万民快楽の基也、異国にては唐堯のそのかミ、天下を令鎮撫、寳剣利刀を農器に用と也、本朝にてハためしあるへからす、此旨を守り、各其趣を存知、百姓は農桑を精に入へき事、

右道具、急度取集、可致進上、不可由断候也、

天正十六年七月日〇（秀吉朱印）

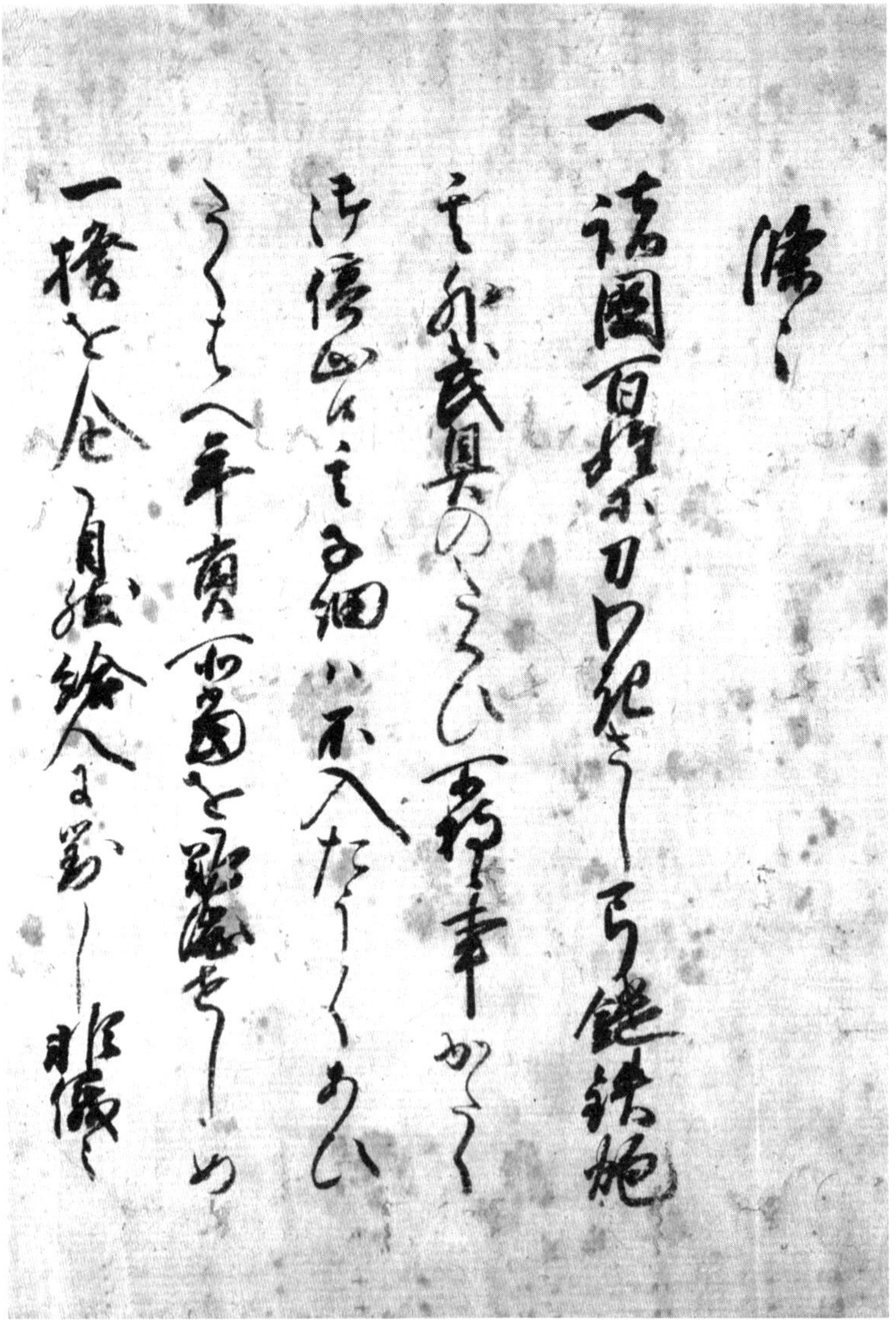
條々
一諸国百姓刀脇指弓鑓鉄炮
其外武具のたくひ所持候事かたく
停止候其子細ハ不入たうくあひ
たくはへ年貢所当を難渋せしめ
一揆を企自然給人に對し非儀

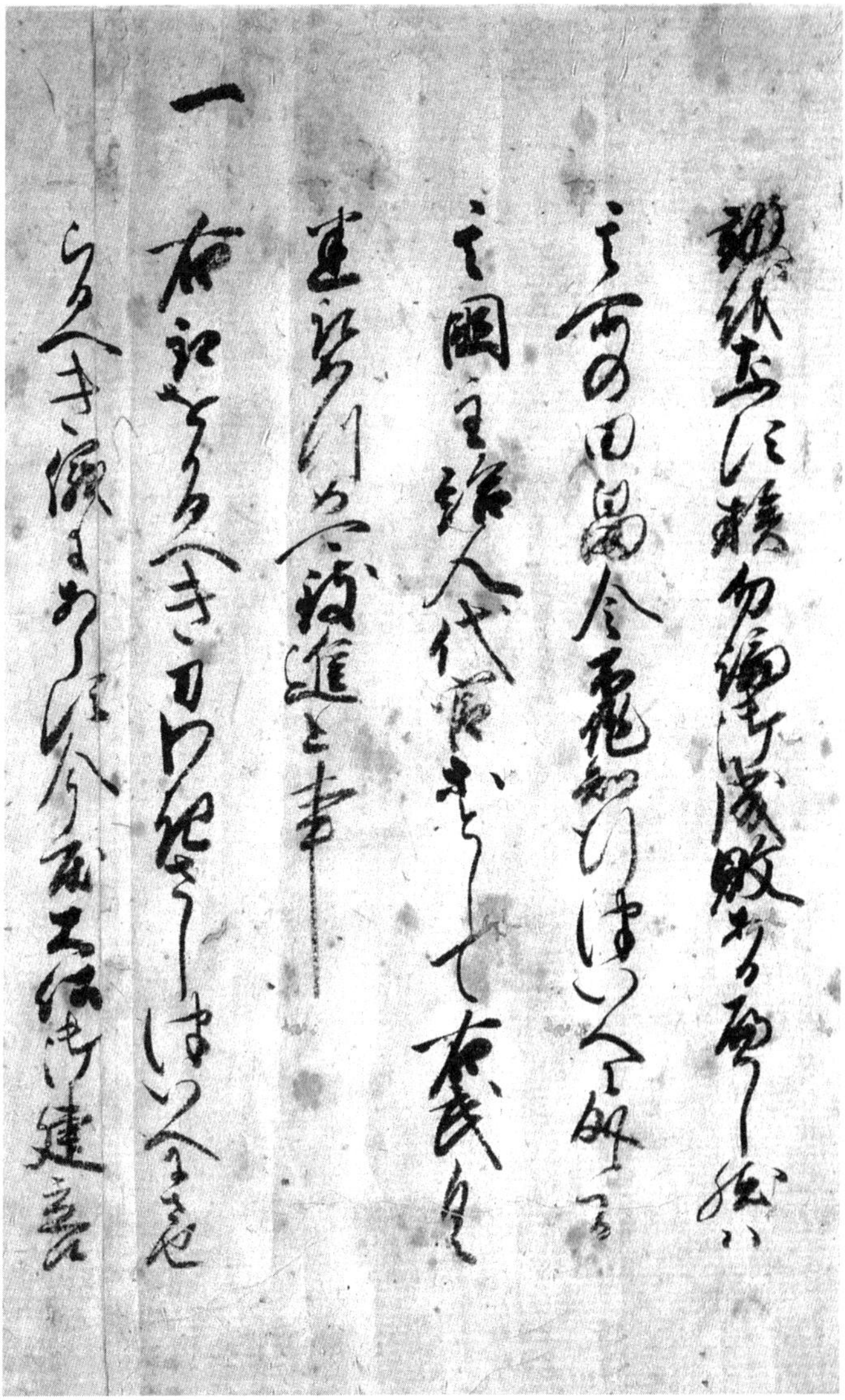

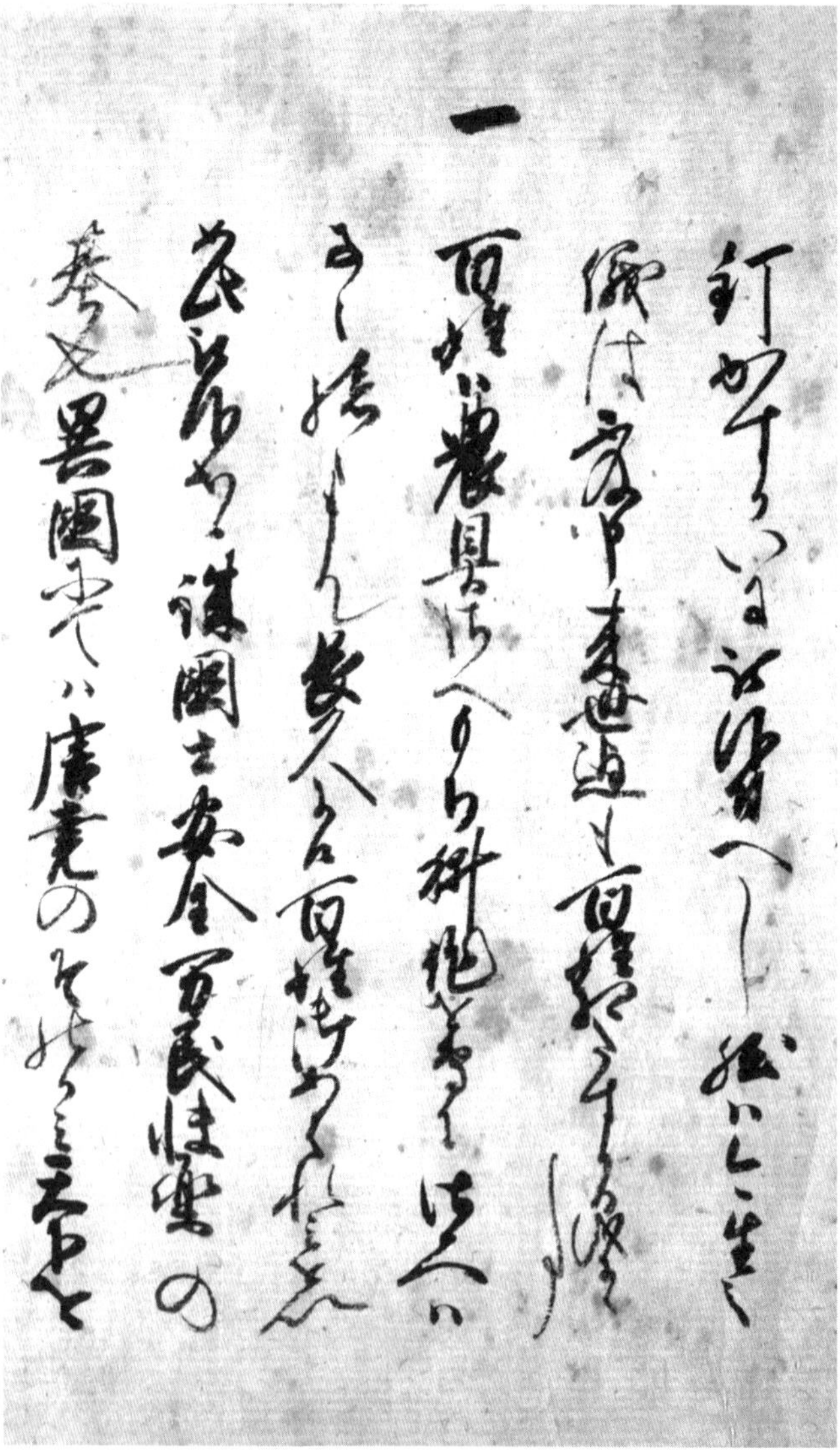
釘かすかいニ被仰付へし、然は今生之
儀は不及申、来世迄も百姓たすかる儀ニ候事
一 百姓ハ農具さへもち、耕作を専ニ仕候へハ
子々孫々まて長久ニ候、百姓
御あわれみをもつて如此被仰出候、誠
国土安全万民快楽の
基也、異国にてハ唐堯のそのかみ天下を

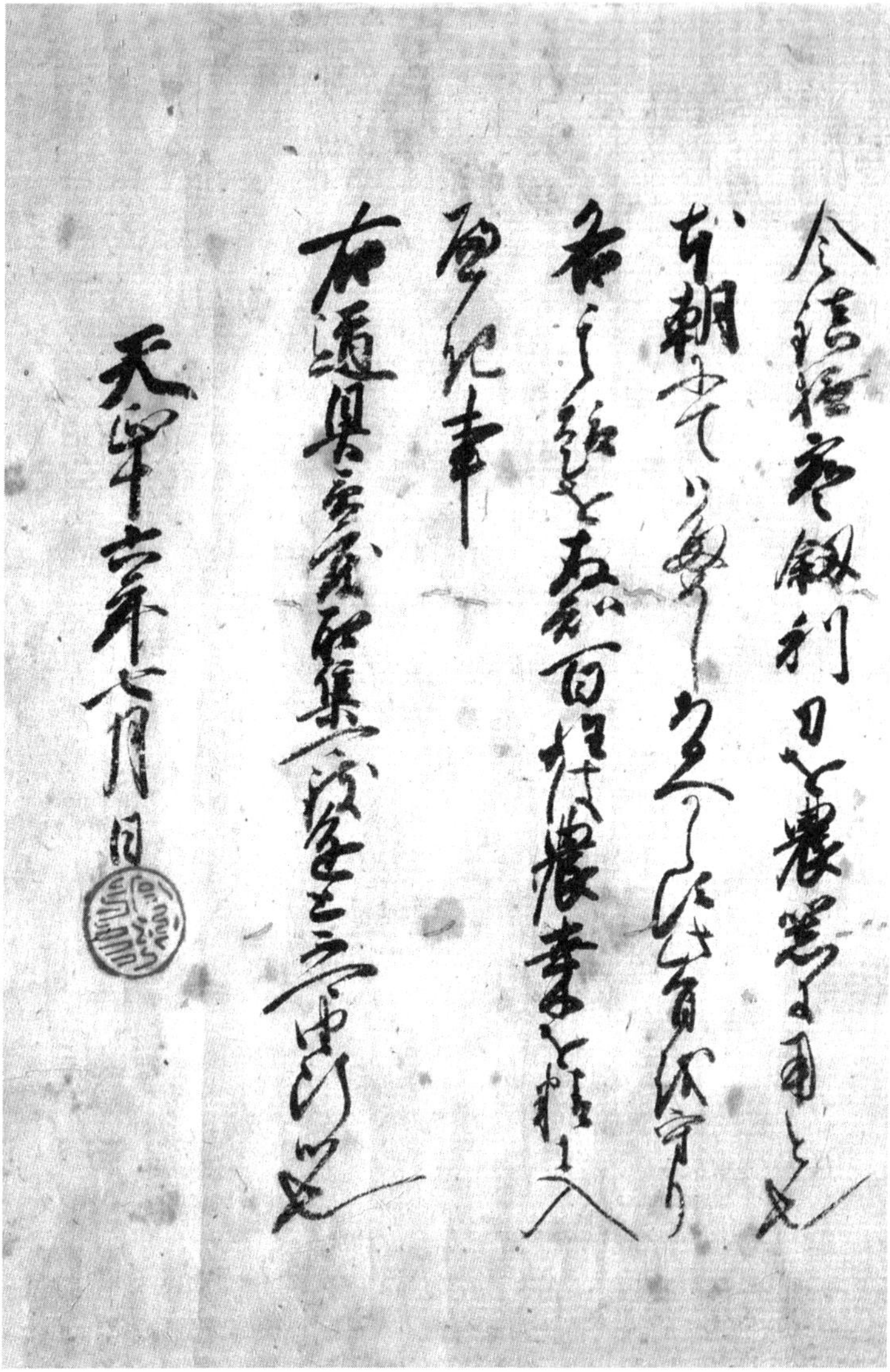
宝剣利刀を農器にもちゐると也、
本朝にてハためしあるへからす、此旨を守り、
各其趣を存知、百姓ハ農桑を精に入へき
事、
右道具急度相集、可有進上、不可油断候也、
天正十六年七月八日

（東京大学史料編纂所所蔵）

【現代語訳】

条々

一、諸国の百姓等が、刀・わきさし・弓・鑓・鉄炮、その外武具の類を所持する事は、堅く禁じなされました。その理由は、不必要な武具を蓄え、年貢所当を上納せず、一揆を企て、もし給人に対し非儀の働きをなす者がいれば、当然成敗なされる。そうなれば、その所の田畠は不作となり、知行が無駄なものになるので、その国主、給人、代官等として、右の武具をすべて取りあつめ、進上せよとの事です。

一、右の没収されるべき刀・わきさしは、無駄になさるものではありません。今度大仏殿を御建立される釘やかすかいに使うよう命じられます。そうすれば、現世の事は言うにおよばず、来世までも百姓が救われることになるでしょう。

一、百姓は農具だけを持ち、耕作に専念すれば、子々孫々まで長く安泰です。百姓を御憐れむ心からこのように仰せ出されたのです。本当に、国土安全、万民快楽の基になる法である。異国では、中国の堯の時代、天下を鎮撫し、寶剣利刀を農器に用いたという故事がある。日本ではその例はない。此旨を守り、それぞれがその理由を理解し、百姓は農桑に精を入れるようにせよ。

右の道具を必ず取り集め、進上せよ。油断してはならない。
天正十六年七月日〇（秀吉朱印）

文書様式は、「朱印状」と呼ばれるもので、秀吉の署名の代わりに直径3・8センチメートルほどの丸い朱印が押してあります。朱印状には、知行の宛行い、定書、禁制、書状、進物への礼状など、多様な内容を含み、実は朱印状というだけでは特定の機能を示すことができません。このことは逆に、中世以来の多様な武家文書の様式を、秀吉が「朱印状」という単一の様式に統一し、さまざまな機能を持たせた、と言うこともできます。

現代語訳では、たとえば「長久に候」を「長く安泰です」というように言葉を補って訳しました。また、当時、「道具」といえば武器のことですので、最後の「道具」は武器と言い換えています。以後も現代語訳を付けていきますが、同様に言葉を補ったり、言い換えた部分があります。ただ、意訳してしまうと原文に対応しない部分が出てきますので、それはつとめて避けています。

＊1　本書では、読者の便を考慮し、『大日本古文書』にある文書は、原本や史料写真を検討した場合でも、『大日本古文書』の冊次と文書番号を付記する。

秀吉が自分に対して敬語?

現代語訳を読むとわかるように、秀吉の朱印状は、秀吉に対して敬語が使われています。これを、これまでは「自敬表現」とされています（小林清治『秀吉権力の形成』東京大学出版会、一九九四年）が、それは正しくありません。「自敬表現」は天皇文書の特徴とされる敬語の使い方ですが、秀吉朱印状の場合は、天皇文書とは少し違います。秀吉自らが自分に対して敬語を使っているのではなく、秀吉の文書を作成した右筆が秀吉に敬語を使っていると理解すべきです。秀吉とならんで、相手への尊敬表現が使われていることがそれを明確に示しています。

右筆が、秀吉から命令を受けてそのまま諸大名への文章を執筆した場合、秀吉の命令は「御意」となり、指示は「仰せ出された」ことになります。相手も、国持の大大名の場合は、右筆が敬語を使うわけです。また、奉書でないことは、「猶、○○可申候也」と奏者の存在を明記していることに示されています。

こう考えた場合、朱印は、その文書を秀吉が確認したことを示すためのものと理解できます。つまり、理念的に言えば、秀吉朱印状は秀吉の言ったことを書き取った文書であり、朱印は秀吉の署名の代わりではなく、その文書が秀吉のものであることを証明する印だった、ということです。そのため秀吉の朱印には、戦国大名の印判状のような堂々としたものではなく、意味不明の印文が刻まれた比較的小さな印章が使われたのでしょう。

ただ、秀吉自筆書状にも「自敬表現」があるので、秀吉が自分に敬語を使っているともとれるのですが、それは秀吉が右筆の書く文書を真似たものだと考えています。

刀狩令の目的は？

さて、刀狩令の第一条は、主文とも言うべきもので、「諸国の百姓から、刀・脇差・弓・鑓・鉄砲、その外武具の類を持つことを禁止する、そのため国主・給人・代官は、それらの武具を没収し、提出せよ」という内容です。「給人」とは、領地を持つ武士たちのことです。

第二条は、没収した武具は、鋳直して、今度建立する大仏殿の釘やかすがいとする、ということです。「大仏殿」とは、後の方広寺大仏殿として知られているものです。

第三条は、刀狩令の制定意図を示し、その意義を自画自賛するものです。つまり、百姓は耕作に専念すれば子々孫々まで長く安泰なのであって、これは百姓のために出す法令であり、国家安全・万民快楽の基になるものだ、これは中国の古代には例があるが、日本では初めての試みである、ということです。

政権や武士への抵抗の手段である武器を取り上げておきながら、「百姓御あはれミを以て（百姓を憐れんで）」出すものだと強弁するものですが、秀吉は本気でそう考えていたのかもしれません。ただし、奈良興福寺の大乗院の僧多聞院英俊が、その日記に「内證ハ一揆為停止也ト沙汰在之（内々の意図は一揆を根絶するためだという噂があります）」と書いたことは、あまりにも有名です（『多聞院日記』天正十六年七月十七日条）。

二通あった刀狩令

島津家文書には、もう一通刀狩令が現存しています〔刀狩令・島津②〕。両者を比較検討すると、ほぼ同文ではありますが、まったく同一の文章ではなく、表記や字配りだけではなく、文章にまで違いがあります。

まず、冒頭ですが、〔刀狩令・島津①〕では、「諸国百姓等、刀・わきさし・弓・鑓・鉄炮」となっていますが、〔刀狩令・島津②〕では、「諸国百姓等、刀・わきさし・弓・鑓・てつはう」となっています。文意は同じですが、鉄炮を漢字で書くか、かなで書くかの違いがあります。その後の文章でも、漢字とかなの違いがたくさんあります。

〔刀狩令・島津①〕
「諸国百姓等、刀・わきさし・弓・鑓・鉄炮」

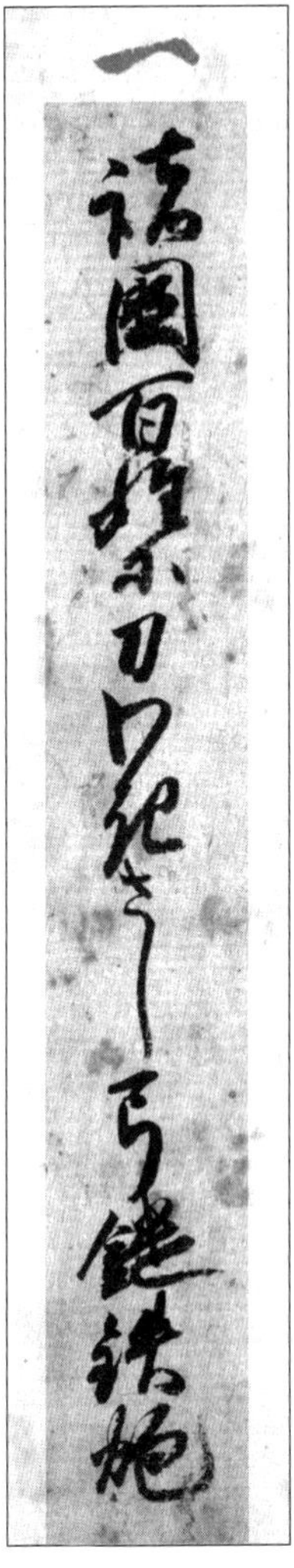

〔刀狩令・島津②〕
「諸国百姓等、刀・わきさし・弓・鑓・てつはう」

〔刀狩令・島津①〕

「異国にては唐堯のそのかミ、天下を令鎮撫、寶剣利刀を農器に用と也」

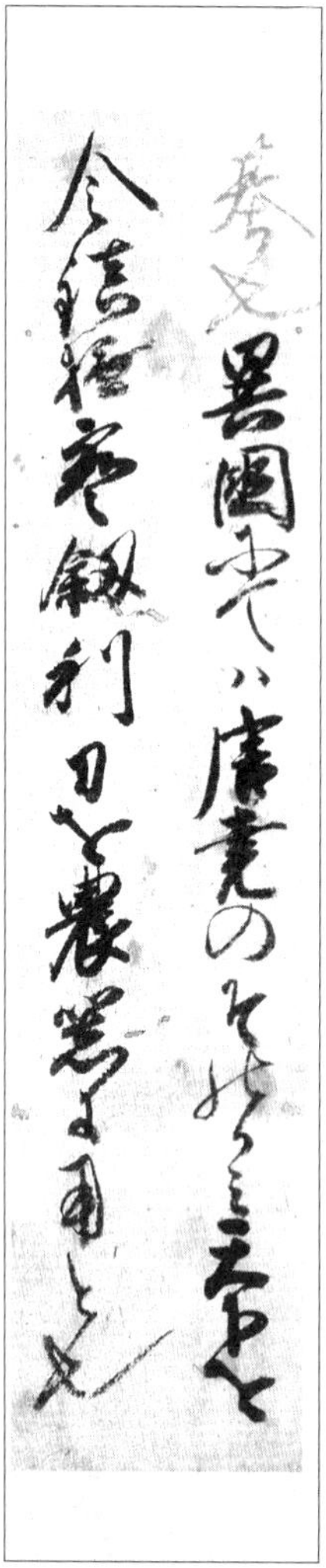

〔刀狩令・島津②〕

「異国にては唐堯のそのかみ、天下をなて守名給ひ、寶剣利剣を農器に用と也」

最も大きな違いは、第三条の「異国にては唐堯のそのかミ、天下を令鎮撫、寶剣利刀を農器に用と也」の部分です。

これが、〈刀狩令・島津②〉では、「異国にては唐堯のそのかみ、天下をなて守名給ひ、寶剣利剣を農器に用と也」となっています。「令鎮撫（ちんぶせしめ）」が、「なて守名給ひ」と書かれているのです。

これを活字化した『大日本古文書　島津家文書之二』では、「守名」に〈しめ〉と校訂注を付けています。そうだとすれば、漢文的に「令鎮撫」とした〈刀狩令・島津①〉に対し、「なて」とは「撫で」で、天下を制圧したという意味ですから、同じことを〈刀狩令・島津②〉は和文で書いたということになります。

また、最後の文章で、〈刀狩令・島津①〉は、「百姓は農桑を精に入へき事」と書いていますが、〈刀狩令・島津②〉は、「百姓は農桑に精を入へき事」としています。この部分は、②の方が正しいような気がしますが、「農桑を」の方が圧倒的に多数を占めます（後掲表参照）。

島津家文書・刀狩令の伝存状況

〈刀狩令・島津①〉は、黒漆塗第一番箱に収められた「御文書　三十四通　義久」にあります（架蔵番号二―一六―一〇）。

この巻子は、秀吉が島津氏に停戦を命じた天正十三（一五八五）年十月二日付け直書、島津義久を赦免し、薩摩一国を与えるとした天正十五年五月九日付け判物などを含む最重要文書を収めたものです。

文書は二枚の紙を貼り継いだ継紙で、『島津家文書目録』によると、第一紙の大きさが、縦45・9センチメートル、横65・4センチメートル、第二紙が、縦45・8センチメートル、横64・8センチメートルです。横の寸法は糊しろを除いたものですから、文書全体の大きさは、両者を足した130・2センチメートルになります。当時の紙は、同じ紙でも微妙に大きさが違いますし、表装する時に周囲を切断することもありますから、この違いは誤差のようなものです。

〔刀狩令・島津②〕は、黒漆塗第三番箱の「御文書　義久公　二十九通　巻二」にあります（架蔵番号・島津三―一―五）。こちらは、義久の進物に対する礼状などが収められた巻子なので、島津家の認識として、文書の重要度は少し落ちます。ただ確認しておきたいのは、宛所のない刀狩令ですが、薩摩を領した島津義久と大隅を領した弟の島津義弘に与えられたものではなく、二通とも当主である義久に与えられたということです。

文書は、やはり二紙の継紙で、第一紙が縦45・8センチメートル、横64・8センチメートル、第二紙が縦45・7センチメートル、横65・0センチメートル、全体は横が129・8センチメートルですから、〔刀狩令・島津①〕とほとんど同じだと考えて問題はありません。

どちらかの一通が、朱印まで模した精巧な写しだという考え方もできますが、それなら文章や字配りまでそっくりに写すはずですから、それは成り立ちません。むしろ、どちらも原本である、ということを前提に考えたほうがいいように思います。

それにしても、なぜ二通残され、しかもその二通の用字がこのように違うのでしょうか。実は、筑後国柳川藩立花家にも二通の刀狩令が残されています。次章では、立花家文書を中心に、他の刀狩令も含めて検討していきましょう。

第2章

さまざまな刀狩令

立花家に残る二通の刀狩令

刀狩令を二通伝える立花家文書は、旧大名家だった立花家所蔵で、福岡県立柳川古文書館に寄託されています。

この刀狩令は、大正三（一九一四）年に伯爵立花家が刊行した『立花文書』に収録され、早くから活字化されています。しかし、そこには一通しか載せられていません。同じものなので、二通も活字化することはないと考えられたのでしょう。

立花家文書の刀狩令には重要な特徴があります。その内の一通の裏側に「羽柴柳川侍従」という宛所があるのです。刀狩令がうぶのままで残されているのは、立花家文書だけです。これは、たいへん貴重なことです。他は、すべて巻子か掛幅であり、表装される時、文書の裏が剝がれるので、その部分を意識して残さない場合は、宛所があっても残りません。他の刀狩令で、本来は宛所のあるものもあったかもしれない、ということです。

以下、原本を調査した結果を見ていきましょう。立花家文書の刀狩令は、表装されていないため、紙質まではっきりとわかります。便宜上、宛所がある刀狩令を〔刀狩令・立花①〕とし、ない方を〔刀狩令・立花②〕とします。

〔刀狩令・立花①〕の料紙（文書に使用する紙）は、大高檀紙(おおたかだんし)です。大高檀紙は、大判で厚手のしわのある紙で、秀吉朱印状の料紙によく見られるものです。むしろ秀吉朱印状といえば、大高檀紙だと考えられています。

日下(にっか)（日付の下）に秀吉の朱印が押してあり、宛所は表面ではなく、裏面の端裏と呼ばれる部分の下部に「羽柴柳川侍従とのへ」と書かれています。端裏の上部には、「太閤刀かりの御朱印」という貼紙があります。

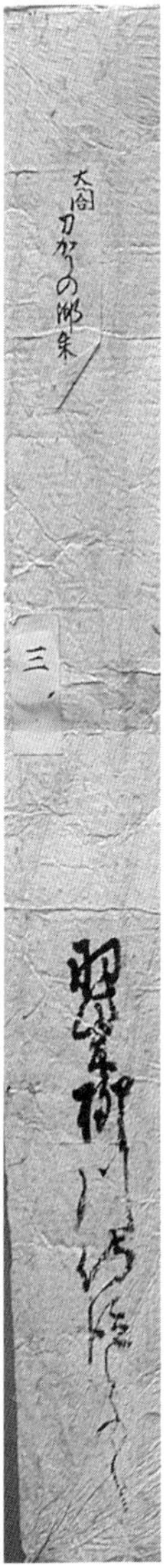

この「とのへ」というのは、実は「殿」という漢字を大きく崩したもので、平かなで「と

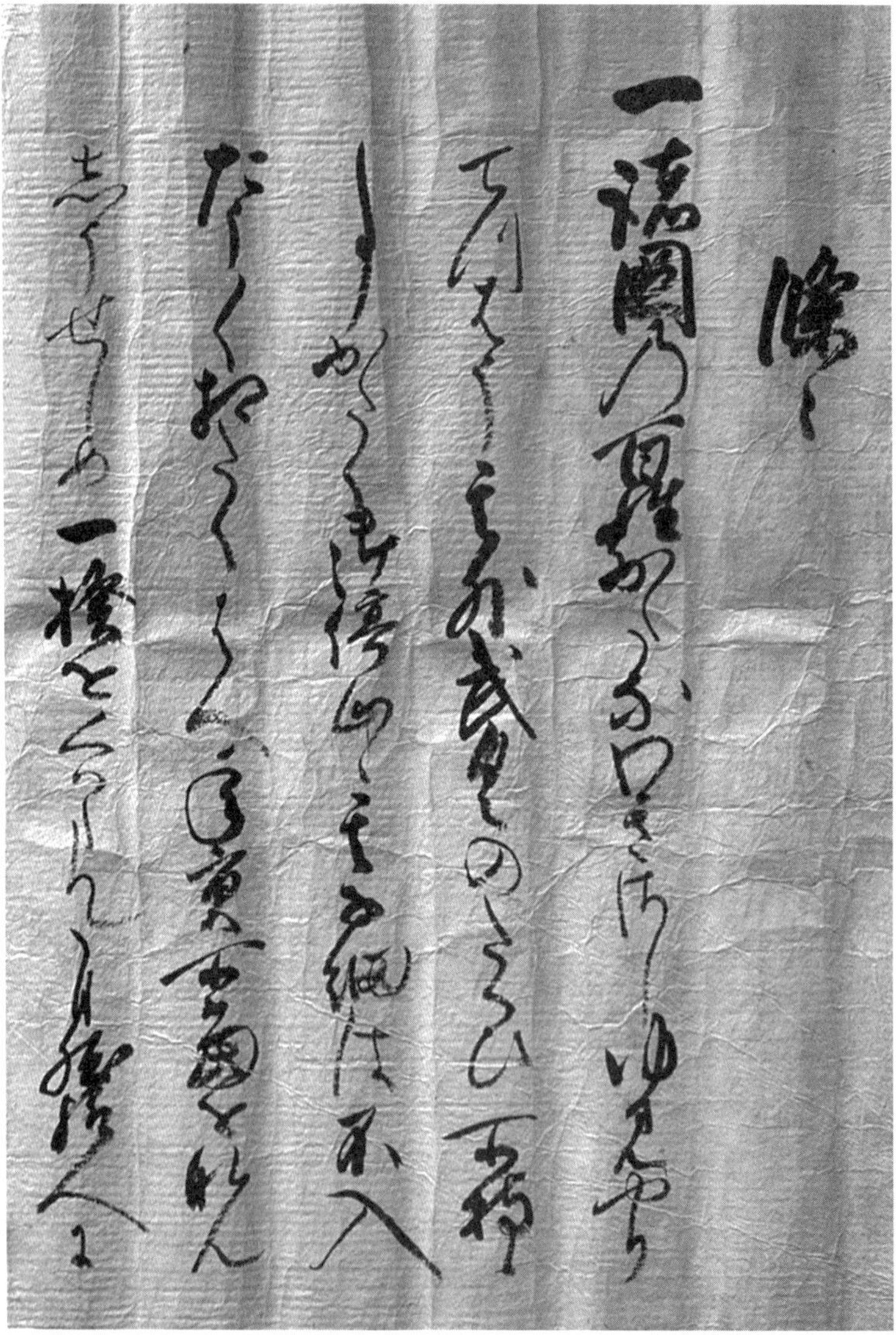

條々

一 諸國の百姓ハ、刀・わきさし・弓・やり・

てつはう、そのほか武具のるい所持

し、かたく御停止候、そのしさいハ不入

たうくをあいたくハへ、ねんく所当をなん

しふせしめ、一揆をくわたて、自然給人ニ

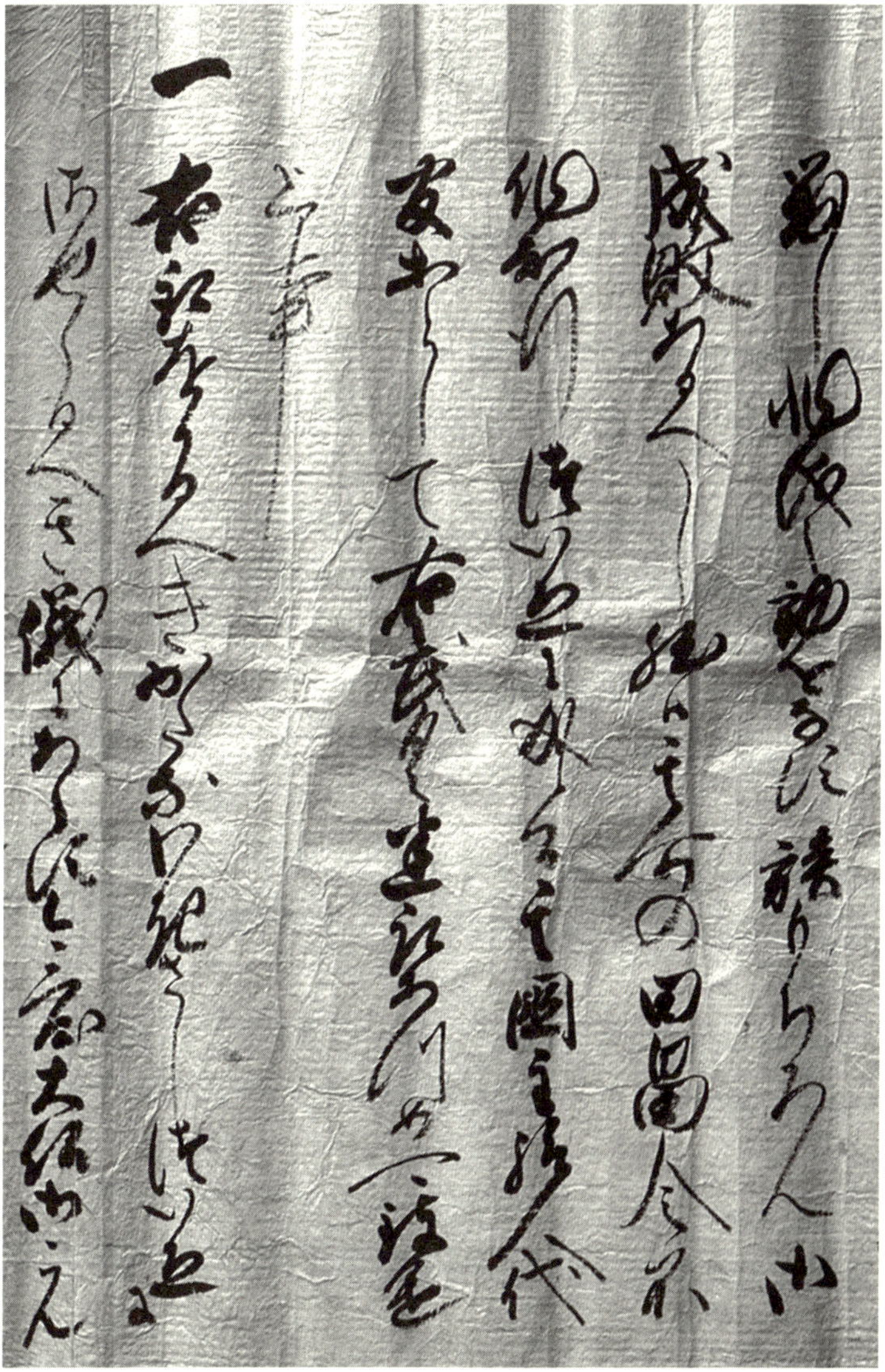

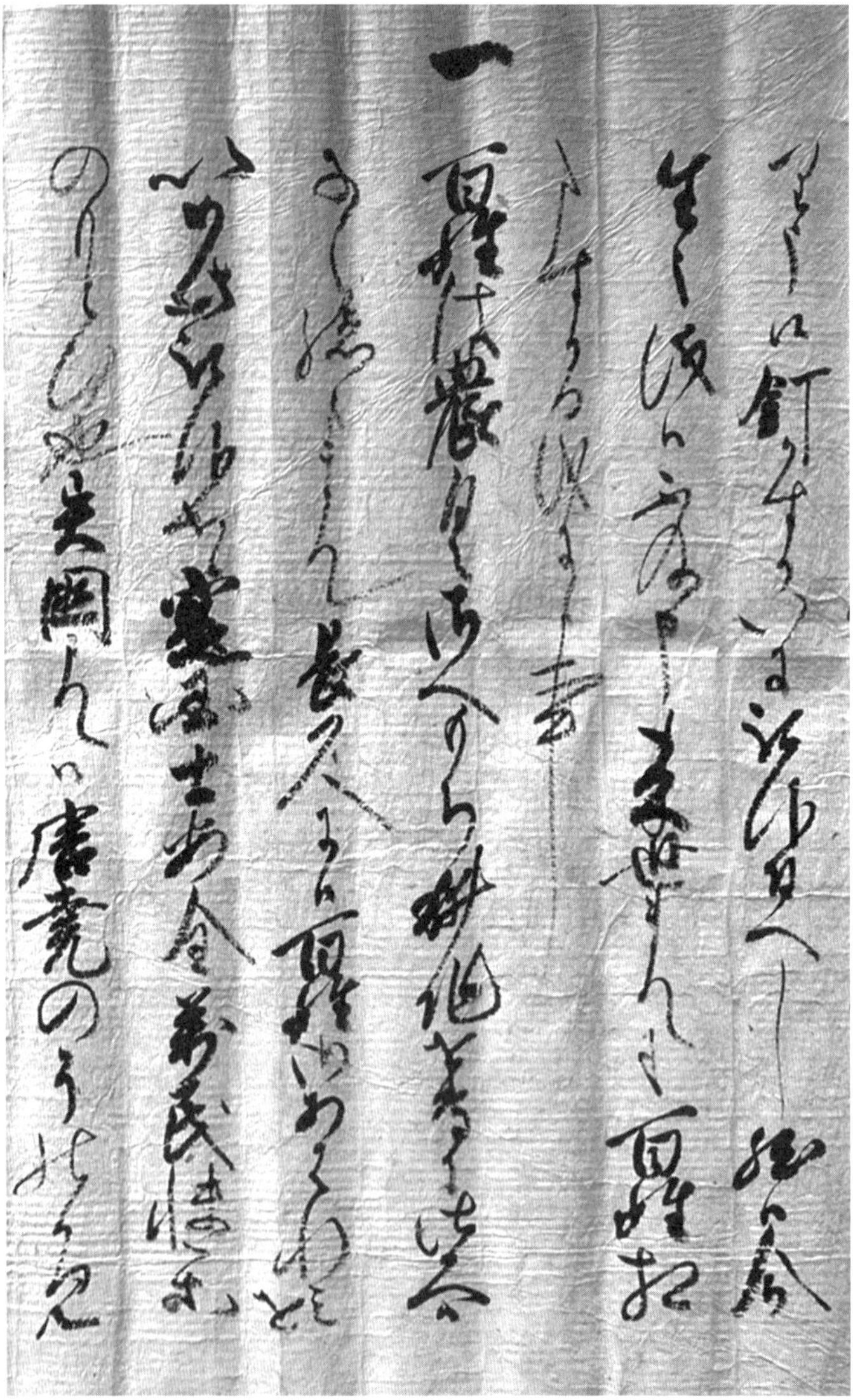

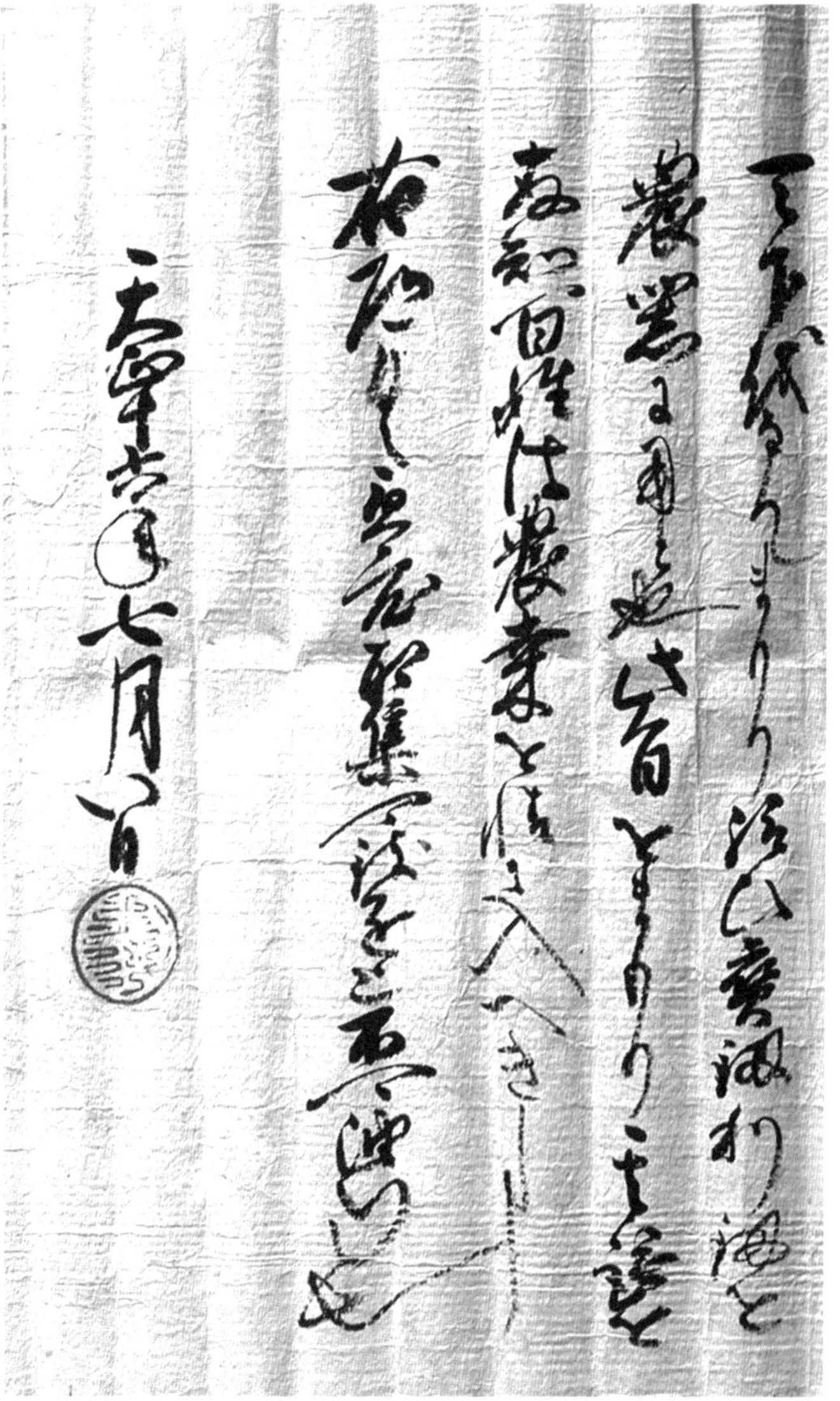

（御花史料館所蔵・柳川古文書館寄託）

のへ」と書いているわけではありません。従って「羽柴柳川侍従殿」と書く方が正しいのですが、このように大きく崩して書くというのは、相手を軽視していることの表現ですので、崩しの区別が活字上でできるようにわざと「とのへ」と表記することもあります。

文書は二紙よりなる継紙で、縦46・4センチメートル、横130・9センチメートルです。一紙の大きさは、一紙目が横66・1センチメートル、二紙目が横67・7センチメートルで、0・7センチメートルの糊しろがあります。

島津家文書の刀狩令と比べると、字体は似ていますが、やはり漢字やかなの使い方が違いますし、字配りも違っています。

〔刀狩令・立花②〕は、大奉書紙（大判で厚手の楮紙）に書かれています。大高檀紙ではありません。秀吉朱印状全部が大高檀紙ではないので、必ずしも写しと断定できるわけではありません。宛所はなく、漢字やかなの使い分けや字配りも違っています。

こちらも二紙よりなる継紙で、縦45・7センチメートル、横131・0センチメートルです。文書の縦の寸法を考えれば、〔刀狩令・立花①〕よりも少し小さいのですが、見た感じはほとんどかわりません。

ちなみに、大高檀紙と大奉書紙という二種類の紙を使って同じ文書を書くというのは、立花家文書に伝存する二通の「ばはん禁令」（海賊禁令）も同様です。一方、島津家文書の刀狩令は、二通とも大高檀紙のようです。巻子装にする時、料紙が薄く剝がれ皺も伸びていてわかりにくいのですが、墨がとんでいる文字があるのでそう判断できます。

やはり異なる文言

この二点の刀狩令の冒頭と「異国にては……」の部分を見ると、次のようになります。

〔刀狩令・立花①〕

「諸国乃百姓かたな・わきさし・ゆみ・やり・てつはう」

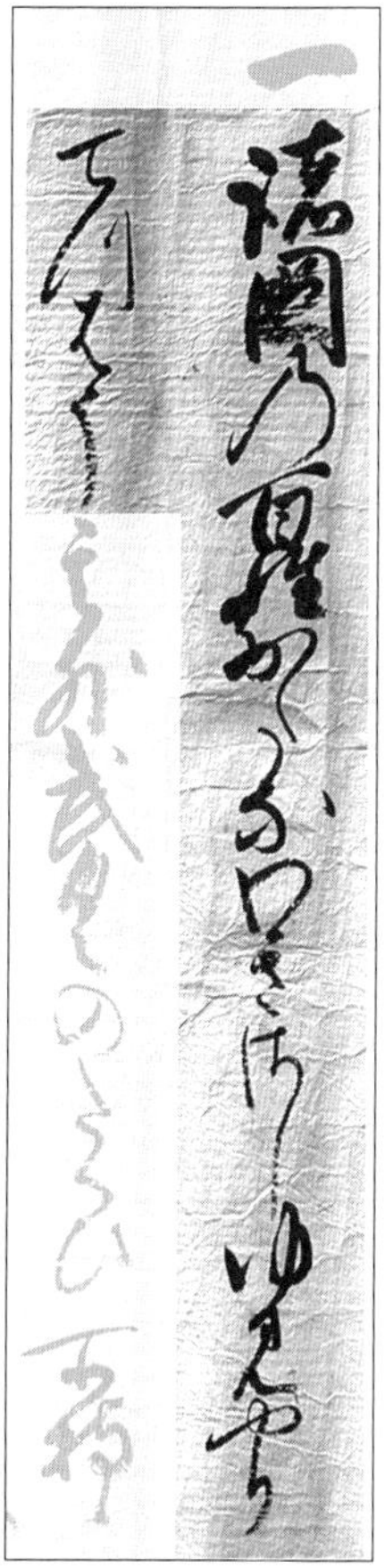

「異国にてハ唐堯のそのかみ、天下をなてまもり給ひ」

〔刀狩令・立花②〕

「諸国百姓刀・わきさし・弓・鑓・てつはう」

「異国にてハ唐堯のそのかみ、天下を鎮撫せしめ」

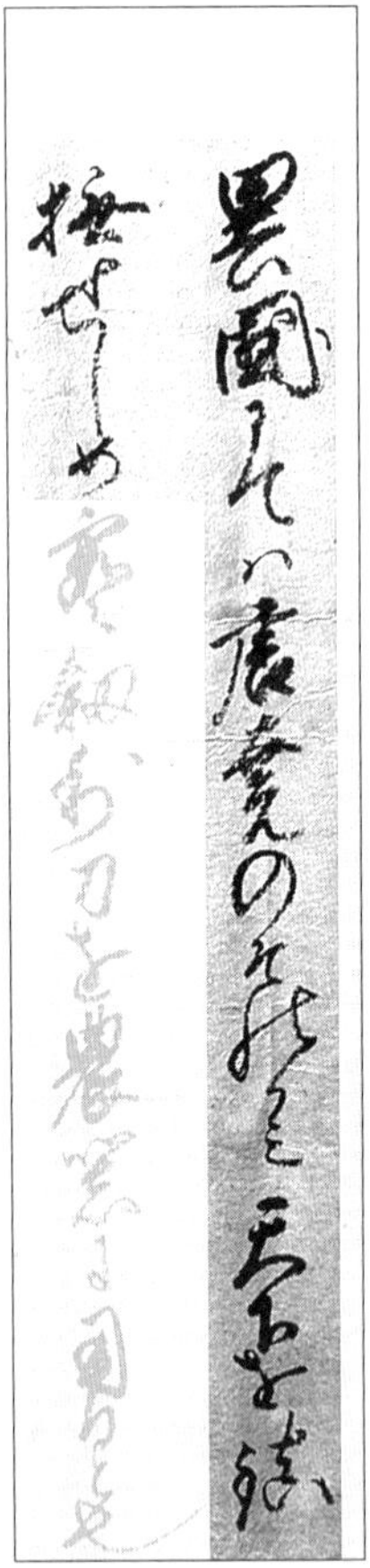

〔刀狩令・島津①〕の冒頭と比べると、〔刀狩令・立花①〕では、「諸国乃百姓」と「乃」が入り、「等」がありません。また、「かたな・わきさし・ゆみ・やり・てつはう」とかなになっています。〔刀狩令・立花②〕にも「等」がなく、刀・弓・鑓が漢字になっています。「異国にては……」の部分では、〔刀狩令・立花①〕が「天下をなてまもり給ひ」とまったく違う書き方になっています。〔刀狩令・島津②〕の「天下をなて守名給ひ」の「守名」を「まもり給ひ」と読んだということなのでしょうか。

しかし、「撫で」に「まもり」が付属するのは誤りのように思います。天下を制圧し、さらにその天下を守っている、と考えることもできますが、「なて守名」が誤読されたと考えるのが自然かもしれません。一方、〔刀狩令・立花②〕では、「鎮撫せしめ」とかなで書いています。これは大した違いではなく、〔刀狩令・島津①〕と同じ系統と言うことができます。

つまり、島津家文書の二通とあわせて全四通の刀狩令には、細かい違いがいくつもあるのです。立花家文書の場合も、二通とも原本と考えられるので、これはたいへん不思議なことです。

◎伝存家によってすべて異なる文言

それでは、小早川家文書ではどうでしょう。小早川家文書は、明治十二（一八七九）年に再興された小早川家の所蔵でしたが、現在の所在がわからなかったため、『大日本古文書　小早川家文書之二』五〇四号文書から引用します。冒頭と「異国にては……」の部分です。

〔小早川家文書・刀狩令〕
「諸国百姓、刀・脇差・弓・やり・てつはう」
「異国にては唐堯のそのかミ、天下を鎮撫せしめ」

これは、〔刀狩令・立花②〕に近いのですが、「わきさし」を漢字に「鐴」を平かなにしていて、やはりまったく同じものではありません。

つまり、刀狩令には、まったく同じ文言で書かれたものはないのです。私が調査した刀狩令原本と思われるものを比較してみると、表のようになります。ずいぶんヴァリエーションがあることがわかります。

刀狩令原本の文言の違い

所蔵	冒頭	「天下」の部分	「百姓」の部分
島津家文書①	諸国百姓等刀わきさし弓鑓鉄炮	天下を令鎮撫	農桑を精に入へき事
島津家文書②	諸国百姓等刀わきさし弓鑓てつはう	天下をなて守名給ひ	農桑に精を入へき事
立花家文書①	諸国乃百姓かたなわきさしゆみやりてつはう	天下をなてまもり給ひ	農桑を精に入へき事
立花家文書②	諸国百姓刀わきさし弓鑓てつはう	天下を鎮撫せしめ	農桑を可入精事
小早川家文書	諸国百姓刀脇差弓やりてつはう	天下を鎮撫せしめ	農桑を精に入へき事
高野山文書	諸国百姓等刀わきさし弓鑓てつはう	天下を令鎮撫	農桑を精に入へき事
大阪城天守閣	諸国百姓刀わきさし弓鑓てつはう	天下を鎮撫	農桑を精に可入事
早稲田大学	諸国百姓等かたなわきさしゆミやりてつはう	天下をなてまもり給ひ	農桑を精に入へき事
名護屋城博物館	諸国百姓等刀わきさし弓鑓てつはう	天下を令鎮撫	農桑を精に入へき事
名古屋大学	諸国の百姓等刀わきさし弓鑓てつはう	天下をなてまもり給ひ	農桑をせいに可入事
西仙寺	諸国百姓等刀わきさし弓やりてつはう	天下を令鎮撫	農桑を精に入へき事

参考

所蔵	冒頭	「天下」の部分	「百姓」の部分
加藤清正家蔵書	諸国百姓等刀わきさし弓やりてつはう	天下を令鎮撫	農桑を精に入へき事
大友家文書録	諸国百姓刀わきさし弓てつはう	天下を鎮撫せしめ	農桑を可入精事
竹中氏雑留書	諸国百姓等刀脇差弓鑓鉄炮	天下を令鎮撫	農桑を精に可入事
武家事紀	諸国百姓等刀ワキサシ弓鑓鉄炮	天下ヲ令鎮撫	農桑ヲ精ニ可入事

＊変体仮名の違いは無視した。『小早川家文書』『高野山文書』『大友家文書録』『武家事紀』は活字をそのまま引用した。

大阪城天守閣所蔵の刀狩令は、太田喜一という人から寄贈されたものです（『大阪城天守閣所蔵品図録』一九七五年）。

掛幅装になっているため、大高檀紙か大奉書紙なのか判断するのは困難です。文書の大きさは、縦45・0センチメートル、横109・3センチメートルですから、縦はほかの刀狩令とほぼ同じですが、横は表装の時に20センチメートルほど切られたようです。「異国にては……」の部分は、単に「天下を鎮撫」とあり、「令」あるいは「せしめ」の文言が抜けています。朱印はあるので、秀吉の右筆が書き誤ったものと考えられます。

早稲田大学文学部所蔵の刀狩令は、一通だけの巻子装です。もとは加藤克昭という人の所蔵で、早稲田大学文学部の荻野三七彦研究室に入ったものです。この刀狩令は、朱印はありますが、字に勢いがない印象を受けます。「異国にては……」の部分は、「天下をなてまもり給ひ」とかなで書かれ、他の刀狩令にはある「本朝にてはためしあるへからす」という文言が抜けています。これも、書き誤りだと思われます。多くの刀狩令を作成しているうちに、つい誤ったものでしょうか。

名護屋城博物館所蔵の刀狩令は、掛幅装となっており、料紙を紙継ぎのところで切断し、上下に貼っています。これは、『明治古典会五十周年記念七夕古書大入札会目録』にあった刀狩令と同じ文書のようですから、名護屋城博物館が購入したものでしょう。「異国にては……」の部分は、「天下を令鎮撫」です。

この刀狩令の写真を収録している特別企画展図録『秀吉と文禄・慶長の役』（佐賀県立名護屋城博物館、二〇〇七年）によると、文書の大きさが縦31・2センチメートル、横121・6センチメートルとなっていますので、他の刀狩令に比べるとずいぶん小さな文書です。秀吉の朱印はありますから、写しというわけではなく、周囲を切断して小型になったものでしょうか。

名古屋大学文学部所蔵の刀狩令は、軸装で、文書の大きさは縦45・5センチメートル、横125・5センチメートルです。当然、朱印もあります。「異国にては……」の部分は、「天下をなてまもり給ひ」となっています。

すでに述べたように、〔刀狩令・島津②〕の「守名」には、『大日本古文書　島津家文書之二』の編纂者が〔しめ〕と校訂注を付けていますが、「しめ」と読んだ根拠はわかりません。『大日本古文書　島津家文書之二』収録の刀狩令が「天下を令鎮撫」なので、「しめ」だろうと考えた可能性が高いと思います。

しかし、実は私は、これを「しめ」と読むことには自信がありません。「なてまもり給ひ」

では意味が通じないと思いますが、そうなっているからといってその文書を疑うこともできません。そもそも、一番信頼すべき〔刀狩令・立花①〕がそうなっているのですから、これは謎としか言いようがありません。

しかし、同じ刀狩令を、二通目が出てきた時、省略せず、活字化した編纂者の見識は認めるべきだと思います。同じものだから、活字は不要と考えて省略されると、刊本ではここで見てきたような微妙な違いに気付くことができなくなります。

結局、「天下をなてしめ給ひ」の刀狩令も、「天下をなてまもり給ひ」の刀狩令も、当時から両方存在したと考えるべきなのでしょう。

とりあえず確かなことは、現在まで伝えられている刀狩令の文言・文字使いには一つとして同じものがない、ということです。これは、どのようなことを示しているのでしょうか。

なぜ二通残り、文言も違うのか？

少なくとも、基準となる刀狩令が一通あって、それを忠実に写したというわけではないことがわかります。しかし、大きく違っているわけでもないので、やはりもとになるものはあったと思われます。読み上げられたものを複数の右筆が書き取った可能性もありますし、もとになる刀狩令を見た右筆が、それぞれ自分なりのかな遣いで写していったのかもしれません。

島津家や立花家の例で見ると、刀狩令は二通ずつ渡されています。そうだとすれば、かなりの枚数になります。数人の右筆[*2]が長文の條書を何通も書き写す場合、誰かが手本となる條書を読み上げ、それぞれがそれを比較的自由に書き取っていった、ということなのかもしれません。当時は、意味さえ同じなら漢字やかな遣いの細かな違いは問題がないと思っていたのでしょうか。

後に見ていく秀吉のいわゆる「身分法令」も、刀狩令ほどではありませんが、文書によってそうした微妙な違いがあります。しかし、刀狩令ほど、文面がまちまちなものも珍しいのではないかと思います。したがって、中には右筆以外の者が臨時に書いた刀狩令があるのかもしれません。

また、なぜ二通ずつだったかという問題も残っています。これも難しい問題ですが、刀狩令が「條々」となっていることに注目したいと思います。

秀吉朱印状のうち、最初に「定」「掟」「條々」と書いているものは、文書名としてそれぞれ「定書」「掟書」「條書」を採用しています。どれも本質的な違いはなく、秀吉が禁令などを周知徹底させるために複数作成して渡した朱印状です。「條々」の場合は、最低五ヶ条はあると思われますが、それは単に箇条の数の問題で、これを「定書」としても何の問題もありません。

これを受け取った大名は、板に貼り、高札として人の集まる場所に掲げる必要がありました。しかし、紙ではあまり長くは持ちませんから、板に書き写し、原本は保存したと考える方が現実的な推測になります。

刀狩令の場合、大名領内に周知させる必要がありますから、高札用として貼り出させるため複数発給した、ということが考えられます。あるいは、正本で保存用の大高檀紙に書いた刀狩令に加えて、貼りだすための複本としての刀狩令を添えたのかもしれません。

島津家と立花家は、これを板に書き写して貼りだし、秀吉の朱印が押してある二通はどちらも保存した、あるいは受け取っただけで高札にはしなかった、ということかもしれません。

刀狩令が二通ずつ、あるいはそれ以上渡されたとしたら、現在残っている刀狩令原本は、同じ大名家に渡されたものが流出して、別々の博物館などに購入された可能性があります。そうだとすれば、多数残されていると思われている刀狩令も、実はそれほど多くの大名家に渡されたわけではないのかもしれません。

もちろん、それに対しては、大部分の刀狩令は高札にして貼り出されたから失われてしまい少ししか残らなかった、という批判も考えられます。しかし、島津家や立花家は原本を保存しているのですから、もし原本をそのまま貼りだしたとしたら、必ず写しを作って保存したと思われます。[*3]

結局、確かな結論は出ませんが、秀吉の朱印状の作成のあり方、受け取った大名の活用法など、さまざまな課題が浮かび上がってきます。今後は、周辺史料を読み込むことによって、それらの実体を究明していく必要があります。その際、やはり大名家に残された文書を基本に据えて考察するべきだと思います。

＊2　秀吉の右筆は、天正十年代の初めは数人、文禄の頃には右筆十人衆の名が史料に見える（桑田忠親『豊臣秀吉研究』）というから、刀狩令を出した天正十六年には、十人足らずで刀狩令や海賊禁令などを何通も書き上げていったと考えられる。

＊3　この場合、参考になるのは、第二講で見ていく「人掃令」と「身分法令」原本である。島津家文書の場合、どちらも原本が存在しないが、写しが残っている。原本は、高札にして貼り出したか、何らかの形で活用されたため失われ、写しだけが残った可能性がある。

第3章

刀狩令の収蔵状況

刀狩令はどのように保存されたか――立花家の場合

秀吉の朱印状を考える上で、それがどのような形で残されているか、という点も重要な情報になります。

立花家文書の場合、二通の刀狩令が「義―乙」に収められています。「義―乙」とは、文書箪笥の引き出しに書かれていた分類だと思われ、これには以下の十三通の文書が収められています（『筑後柳川藩立花家文書調査報告書』の文書名による）。

1　定（立花左近知行地内ニ対スル三ヶ条）　天正十五年六月

2　陸奥守（佐々成政）前後悪逆事　天正十六年後五月十四日

3　条々（刀狩令）　天正十六年七月八日
4　条々（刀狩令）　天正十六年七月八日
5　定（海賊禁制）　天正十六年七月八日
6　定（海賊禁制）　天正十六年七月八日
7　定（身分統制令）　天正十九年八月廿一日
8　禁制（高麗国禁制三ヶ条）　天正廿年正月日
9　禁制（高麗国禁制三ヶ条）　天正廿年正月日
10　禁制（高麗国禁制三ヶ条）　天正廿年四月廿六日
11　条々（慶長軍役ノ条々）　慶長弐年二月廿一日
12　〔豊臣秀吉陣立書〕　慶長弐年二月廿一日
13　〔覚写（赤国動、晋州取巻ト各部署ノ事他）〕　文禄二年二月廿七日

これらは、すべて秀吉の朱印が押された豊臣秀吉朱印状です。文書名は、文書冒頭に書かれた「定」や「条々」という記載が採用されています。

文書名の付け方は、発給者の名前を明記して、「定」は「豊臣秀吉定書」、「条々」は「豊

臣秀吉条書」とする方法と、秀吉の朱印に着目してそのまま「豊臣秀吉朱印状」とする方法の二つがあります。

実は文書名の付け方に決まりはないので、どちらでも間違いではありません。ただ、どこかに発給者を明記することが必要で、この調査報告書でも「作成・発給」の項に（豊臣秀吉朱印）と明記しています。わかりやすく、豊臣秀吉朱印状（刀狩令）としてもかまいませんが、「刀狩令」や「海賊禁制」などは、あくまで研究者の解釈が入ったものですから、それについては留意しておくことが必要です。

1は、立花家にとって最も重要な知行宛行を指示した文書です。

そのほか、刀狩令（一通）、海賊禁制（一通）、身分統制令（身分法令）などの基本的な法令、高麗国における禁制（三通）、朝鮮出兵における軍役令や陣立書が収められています。

その中で、異色なのは2の「陸奥守前後悪逆事」です。この文書が発給されたのは、天正十六（一五八八）年閏五月十四日、そしてその直後の七月八日に、刀狩令と海賊禁制が発給されます。これから見れば、佐々成政誅罰の理由を説明した文書が、刀狩令・海賊禁制と同等の、重要な法令に準ずるものとして位置づけられ、一緒に収蔵されたことがわかります。

◎小早川家の場合

小早川家文書の場合は、収められた巻子に「朝鮮御渡海人数附（づけ）」という副題がつけられています。朝鮮陣関係の文書の一つとしてまとめられているのです。文書の配列は、以下のようなものです。本来は豊臣秀吉朱印状とすべきですが、最後の文書を除いてすべて秀吉の朱印状なので、立花家文書目録の体裁に揃え、内容と年月日を書いておきます。

1　「高麗へ罷渡御人数事」　天正二十年三月十三日
2　「定」（海賊禁令）　天正十六年七月八日
3　「條々」（刀狩令）　天正十六年七月八日
4　「定」（身分法令）　天正十九年八月二十一日
5　「掟」（朝鮮陣にあたって地下人・百姓の逃散等の禁令）　天正二十年正月五日
6　「御とまり〳〵掟」　天正二十年六月三日
7　「先手備之事」　天正二十年六月三日
8　「朝鮮国征伐之事」　天正二十年六月三日
9　「一、五千人　こはや川侍従」　文禄二年七月二十七日

10 「定　かとかい」　文禄二年八月七日
11 「定　かとかいは端城」　文禄二年八月七日
12 「陸奥守前後悪逆之事」　天正十六年閏五月十四日
13 豊臣氏奉行連署覚書（肥後国一揆につき出陣命令）　天正十五年十月十四日
浅野長吉・石田三成・増田長盛→安国寺（恵瓊）・小早川藤四郎（隆景）

副題は「朝鮮御渡海人数附」ですが、内容はそれだけではありません。海賊禁令、刀狩令、いわゆる身分法令に加え、「陸奥守前後悪逆之事」や肥後国一揆の際の出陣命令まで入っていますので、これらが豊臣政権の基本法令と理解され、大切に保存されたものであることが推測できます。

◎島津家の場合

島津家文書の場合も、秀吉と島津家の関係を見る上で最重要な文書を収めた「御文書三十四通　義久」という外題のある巻子に収められています。この巻子には三十四通もの秀吉朱印状が収められていますので、最初の方だけ目録を掲げましょう。

1　豊臣秀吉直書（九州の戦争停止令）（天正十三年）十月二日
2　豊臣秀吉判物*4（島津義久赦免）天正十五年五月九日
3　豊臣秀吉禁制（薩摩国鹿児島）天正十五年五月日
4　豊臣秀吉禁制（薩摩国）天正十五年五月日
5　豊臣秀吉禁制（日向国）天正十五年五月日
6　豊臣秀吉禁制（薩摩国市来）天正十五年五月日
7　豊臣秀吉朱印状（祁答院領主島津歳久の件）（天正十五年）五月十九日
　伊集院忠棟・石田三成・木食応其宛
8　豊臣秀吉朱印状（豊後の百姓の還住命令）（文禄二年）六月二十日
9　豊臣秀吉朱印状（海賊禁令）天正十六年七月八日
10　豊臣秀吉朱印状（刀狩令）天正十六年七月日
11　豊臣秀吉朱印状（山中城落城の報知）（天正十八年）三月二十九日
12　豊臣秀吉朱印状（陣中見舞いへの返礼）（天正十八年）四月七日
（以下、省略）

省略した文書は、すべて義久宛の秀吉朱印状で、小田原攻め、朝鮮出兵、島津領仕置、祁答院（けどういん）領主島津歳久成敗の命令などです。まさに、秀吉と島津家の関係を示す中心的な文書群で、島津家が刀狩令をいかに重視したかが窺えます。

ちなみに「陸奥守前後悪逆事」は、黒漆塗箱第一番箱「御文書　廿三通　義弘五十二通之内」という巻子に収められています。

この巻子は、義久の弟義弘に大隅を与えた天正十五（一五八七）年五月二十五日付け秀吉朱印状などを収めたもので、先に紹介した「御文書　三十四通　義久」と並ぶ最重要文書が集められた巻子です。義弘は、秀吉の命令で肥後の国一揆の鎮圧に出陣しますから、その関連で「陸奥守前後悪逆事」が義弘に与えられたのでしょう。このことは、秀吉が義弘を、当主義久に準ずる存在として位置づけていたことを示しています。

このように、刀狩令だけを取り上げるのではなく、刀狩令が収められた箪笥や巻子の構成を踏まえておくことが必要です。もちろん、たとえば島津家文書だと、この巻子が成立したのは十七世紀中頃だと推定できますから、当時の収蔵状況をそのまま示すものではありません。しかし、こうした構成になったのは、整理した時点で似たような場所に収められていたという事情があるように思います。こうしたことも、文書を位置づける上で重要な要素になります。

＊4　「直書」は、直接相手に対して書き、花押を据えた文書を言う。「書状」と違う点は、書き留め文言が「候也」と尊大な言い切りで終わり、「謹言」などを書かないことである。「判物」も、秀吉の花押＝判が据えてある文書のことで、形式は直書と同じだが、知行の宛行いなど永続的な効力を持つ場合に区別して言う。この文書は、義久の赦免を伝え、薩摩一国を宛行うことを伝えた文書なので、「判物」としたのだろう。

第4章

刀狩令の広がり

九州に多い刀狩令の原本

本章では、刀狩令が、どの程度の広がりを持った法令だったかを考えていきましょう。研究史を見ると、桑田忠親氏が、刀狩令の残存状況を次のようにまとめています（『豊臣秀吉研究』角川書店、一九七五年）。

現在遺っているのは、立花宗茂・加藤清正・小早川隆景・竹中重門・加藤嘉明・島津義久・大友義統・及び高野山に宛てたものである。立花宗茂宛のものは『立花文書』に、加藤清正宛のものは『加藤清正家蔵文書』に、小早川隆景宛のものは『小早川家文書』に、竹中重門宛のものは『竹中氏雑留書』に、加藤嘉明宛のものは『加藤家文書』に、島津義久宛のものは『島津文書』に、大友義統宛のものは『大友家文書録』に、高野山宛のものは『高野山文書』に、それぞれ、収めてある。なお、この他に、『松浦家文書』、『福岡雑纂』、『武家事紀』、『阿部家文書』などに宛所不明のものが伝わっている。

全国的な史料に目配りした貴重な情報です。それを前提にした上で、この記述にいくつかの問題があることを指摘せざるをえません。

立花宗茂・加藤清正・小早川隆景・加藤嘉明・島津義久・大友義統に刀狩令が与えられていることは、十分に理解できます。

加藤清正宛のものは、東京大学史料編纂所影写本『加藤清正家蔵書』（前田利嗣氏原蔵）にあり、『熊本県史料』にも収録されています。

加藤嘉明宛のものはどこにあるのかわかりません。加藤嘉明は、賤ヶ岳七本鑓の一人で、天正十四（一五八六）年からは淡路島を与えられ、秀吉水軍の将として活躍します。刀狩令を渡される必然性は見あたりません。

竹中重門は、美濃国不破郡に五千石を与えられている秀吉の部将で、父半兵衛は秀吉の軍師として有名です。刀狩令が収録されている『竹中氏雑留書』は、重門が受け取った文書の留書というより、重門が秀吉文書の作成に関わったか、何らかの形で秀吉文書を蒐集したものだと考えられます。そうした位置にいたからこそ、重門は後に豊臣家の歴史である『豊鑑』を執筆できたのでしょう。したがって、竹中重門に宛てた、というのは疑問です。
同様に、『福岡雑纂』『武家事紀』も編纂された文書集ですから、確かに誰かに宛てられたものではあったでしょうが、このように列挙するのは問題です。これらに刀狩令が収録されていることは、江戸時代前期に刀狩令が流布していたことを示す貴重な情報ですが、それ以上に何かを言うことはできません。
松浦史料博物館所蔵『松浦家文書』には、天正十六（一五八八）年七月の刀狩令は存在せず、次の文書があるだけです。

【釈文】

領内刀駆之儀被仰付、被遣御上使候之條、相副案内者、町人百姓以下可相改候、
於令用捨者、至于後日も被在聞食次第、可被行曲事候條、堅可申付候也
卯月十五日　◯（豊臣秀吉朱印）
平戸留守居中

【現代語訳】

領内に刀狩りを命じられ、御上使を遣わされたので、案内者をそえ、町人百姓以下を改めなさい。手心を加えた場合は、後々までお耳に入り次第に処罰するので、厳重に命じよ。

天正十七年と推定されている朱印状ですが、松浦家文書の配列では文禄二（一五九三）年あたりにあります。天正十六年の刀狩りの翌年、上使まで派遣して刀狩りを行っているというのは不審ですし、宛所が平戸留守居中なので、文禄二年、朝鮮出兵中の指示だと考えた方がいいように思います。どちらにせよ、天正十六年七月の刀狩令ではないのですから、同列に扱うと誤解を与えます。

なぜ高野山に残ったのか？

また、高野山に宛てた刀狩令も、実は高野山一般に宛てたものではありません。当時、高野山は、「学侶」「聖」「行人方」の三派に分かれ、寺領荘園の取り締まりや山内警察のため多くの僧兵を擁する「行人方」が勢力を持っていました。刀狩令は、高野山史編纂所編の『高野山文書』第七巻（高野山文書刊行会、一九三八年）中の「興山寺文書」に収録されており、『大日本古文書　高野山文書』にはありません。高野山には、刀狩りがすでに天正十三（一五八五）年三月に命じられていますから、刀狩令が行人方の寺である興山寺に与えられた、ということが重要です。

こうして見ると、高野山行人方以外は、ほぼ九州に領地を持つ大名家にしか残されておらず、九州大名といえども、天正十六年七月の時点では、すべての大名に渡されたわけではなかったと考えられます。原蔵者不明の刀狩令原本が大学や史料保存機関などに残っていますが、たいした数ではありません。

◎刀狩令は秀吉の勢力圏内すべてに発給されていない

それにもかかわらず藤木久志氏は、刀狩令について次のように書いています（『刀狩り――武器を封印した民衆――』岩波新書、二〇〇五年）。

この令書は、原本や写しやその痕跡も合わせると、およそ二〇点ほどが、いまに伝えられている。その分布は、北は北陸の加賀前田家から、南は南九州の薩摩島津家まで、つまり、一五八八年のころの、秀吉の勢力圏のほぼ全域にわたっている。令書のどれにも宛名は記されていない。だからこれは、特定の大名や領主を超えた、いわば一般法令である。そういう形をとって、大名・領主たちに向けて広く公布されていた。

この記述のうち、「令書のどれにも宛名は記されていない」というのは誤認です。先に見たように、立花宗茂宛の中の一通は文書の端裏下に、「羽柴柳川侍従殿」と宛名が書いてあります。これは、字体や字の位置（端裏の下部）から考えて、受け取った者が書き入れた「端裏書（はしうらがき）」ではなく、宛名であることは確実です。それに、宛名が記されていなくても、それぞれの大名に渡されるわけですから、このことをもって「特定の大名や領主を超えた、いわば一般法令である」とは言えないのではないでしょうか。

これまで見てきたように、問題としている刀狩令は、この段階では九州大名に与えられたものだと推測できます。「一五八八年のころの、秀吉の勢力圏のほぼ全域にわたっている」ということも、自明のことではありません。

刀狩令原本は十一点しか残っておらず、そのうち二点は島津家と立花家に残されている二通目の文書です。大阪城天守閣などに所蔵されている宛所不明の刀狩令が、九州大名以外に発給されたという根拠はあるのでしょうか。

おそらく藤木氏は、実際に加賀の大聖寺領（溝口秀勝）、加賀・能登（前田利家）を始め、若狭（戸田勝直）、甲斐（加藤光泰）、中国地方（毛利輝元）、出雲（出雲大社）、薩摩・大隅（島津義久・義弘）、筑後（筑紫広門）、肥前（龍造寺政家）で刀狩りが行われ、大名たちが没収した刀や脇差を秀吉に提出している（桑田『豊臣秀吉研究』・藤木『刀狩り』）ことをもって、先のように書いたのだと思います。刀狩りが、当時、秀吉勢力下にあった大名に強制された、あるいは大名たちが率先して秀吉の指示に従ったことは確かです。

しかし、こうした大名の中にも、秀吉の朱印状を渡されていない者があるようです。どのような形でその指示が行われたか、興味があるところです。私は、第四講で見ていく「取次」の存在はこの問題の鍵となると考えていますが、秀吉の命令伝達のあり方の究明は今後の課題としたいと思います。

◎刀狩令発給の理由

また、藤木氏は、刀狩令が、肥後の国一揆を契機に出されたものではない、ということを強調しています。しかし、肥後の領主だった佐々成政が腹を切った後、肥後を与えられた加藤清正を始めとして、九州大名を主たる対象として刀狩令が与えられたことを考えれば、その評価も揺らぐように思います。

薩摩の島津氏が秀吉に下ったのが、天正十五（一五八七）年五月です。その後、九州大名の配置に大幅な変更があり、肥後には佐々成政が新しい国主として入部します。

翌天正十六年、肥後の地侍たちが、佐々成政に対して蜂起します。地侍たちは、佐々成政が召し抱えなければ百姓身分になってしまいます。こうした勢力が蜂起したのですから、一揆後はその武装解除が課題となります。刀狩令が九州大名を中心に発給されたのは、まさにそのためだと思われます。

藤木氏が、刀狩令の契機として肥後の国一揆を認めないのは、天正十三年四月、秀吉に抵抗した紀州の太田村にすでに刀狩りが命じられているためですが、これも秀吉に反抗した村に対する武装解除命令です。これと同じように、天正十六年七月の刀狩令も、秀吉の部将に対して一揆を起こした肥後を中心とした九州に出されたものだと素直に考えるべきではないでしょうか。

第5章 基本法令となった刀狩令

天正十三年にも出されていた刀狩令

前章で触れたように、刀狩令は天正十六（一五八八）年七月に初めて出されたものではありません。それ以前にも秀吉は、刀狩りを命じています。

天正十三年、秀吉は、紀州の雑賀・根来の僧兵を討ち、雑賀の残党が太田村の砦に籠もって抵抗したのを水攻めにして平定した後、卯月二十二日付けで朱印状を発給し、刀狩りを命じました（『太田文書』）。その三ヶ条目に、刀狩りについて書かれています。[*5]

【釈文】

一、在々百姓等、自今以後、弓箭・鑓・鉄炮・腰刀等、令停止訖（ちょうじせしめおはんぬ）、然上者（は）、鋤・鍬

等農具を嗜（たしなみ）、可専耕作者也（こうさくをもっぱらにすべきものなり）、

【現代語訳】

一、村々の百姓らが、今後、弓矢や鑓や鉄砲、腰刀など持つことは、禁止する。これからは、鋤や鍬などの農具に慣れ親しみ、耕作に専心するようにせよ。

桑田忠親氏は、「これが秀吉の百姓庶民にたいする刀狩の初めであるといってよい」と指摘しています（『豊臣秀吉研究』）。藤木久志氏も、この法令を「原刀狩令」と呼び、高く評価しています（『刀狩り』）。

秀吉は、高野山に対しても武具を提出するよう命じ、同年十月二十三日、高野山が武具を提出したことに対して、「神妙候」と賞し、これからは「国家安全之懇祈」が肝要だと命じています（天正十三年十月二十三日付秀吉朱印状『大日本古文書　高野山文書之二』三二六号文書）。天正十六年七月に、重ねて高野山に刀狩令を出したのは、秀吉がいまだ高野山、特に行人方の寺々に対して疑念を持っていたからでしょう。

藤木氏が書かれているように、天正十六年七月の刀狩令発布以来、いくつかの地域では刀狩りが迅速に行われました。島津家ではなかなか武器の没収が進まなかったのですが、

翌年になって督促され、ようやく刀・脇差三万腰を秀吉に提出しています。

＊5　原文は三ヶ条で、一ヶ条目は、和泉国に出兵して諸城を攻め落とし、援軍に来た根来・雑賀の者を撃破したこと、二ヶ条目は、秀吉に刃向かった太田村のこれまでの所業を糾弾し、頭領の者を選んで首を切り、残りの平百姓は許してやる、と書いている。

東北地方で行われた刀狩り

刀狩令は、その後、同じ文章では二度と出されることがありませんでした。秀吉の支配地域だけ見ても、刀狩りがどの程度徹底して行われたのかわかりません。新たに秀吉に従った大名にも、同じ文章の刀狩令を渡し、領内の刀狩りに励むよう命じてもよいように思うのですが、秀吉はその必要性を感じなかったようです。

天正十八（一五九〇）年八月、小田原城を落城させ、次いで奥羽仕置を開始する際、秀吉は次のような法令を石田三成へ宛てて出しています（個人蔵、大阪歴史博物館保管）。

【釈文】

定

一、今度以御検地之上被作相定年貢米銭之外、対百姓臨時非分之儀、一切不可申付事、

一、盗人之儀、堅御成敗之上者、其郷其在所中として聞立、有様ニ可申上之旨、百姓以連判致誓紙可上之、若見隠聞かくすニ付而ハ、其一在所可為曲事、

一、人を売買儀、一切可停止之、然者、去天正十六年以来ニ売買族被作棄破之衆、元のことく可返付、於向後人を売もの、事ハ不及申、買もの共ニ曲事候間、聞立可申上之、可被加御褒美事、

一、諸奉公人者、面々以給恩其役をつとむへし、百姓ハ田畠開作を専ニ可仕事、

一、日本六十余州在々百姓、刀、わきさし、弓、鑓、鉄炮、一切武具類持候事、御停止ニ付而、悉被召上候、然者今度出羽・奥州両国之儀、同前ニ被仰付候条、自今以後自然所持候百姓於在之者、其もの、事ハ不及申、其郷中共ニ可為同罪事、

一、在々百姓他郷へ相越儀有之者、其領主へ相届可召返、若不罷帰付而ハ、相抱候もの共ニ可為曲事、

一、永楽銭事、金子壱枚ニ弐拾貫文宛、ひた銭にハ永楽一銭ニ可為三銭立事（さんせんだてたるべきこと）、

右条々、若於違犯之輩者、可被加御成敗者也、

天正十八年八月十日◯（秀吉朱印）

石田治部少輔とのへ

【現代語訳】

定

一、今度御検地したうえで定められた年貢米銭のほか、百姓に対しての臨時の賦課は、一切命じてはならない。

一、盗人は、厳罰に処すので、その郷や在所として調査し、ありのままに申し上げることを、百姓の連判で誓紙を上げさせた上は、もし隠した場合は、その在所を罪に問うことにする。

一、人を売買することは、一切禁止する。去る天正十六年以来に人を売買していた者は、元のように返してやれ。今後、人を売る者の事は言うに及ばず、買う者も処罰するので、これを告げ知らせた者には褒美を与える。

一、諸奉公人は、それぞれ扶持をもらってその役を勤めよ。百姓は田畠開作に専心せよ。
一、日本六十余州の在々の百姓が、刀、脇差、弓、鑓、鉄炮など一切の武具類を持参することは、禁止なされたので、すべて没収した。したがって、今度出羽・奥州両国も、同様に命じられるので、今後もし武具類を所持している百姓がいれば、その者は言うに及ばず、その郷中も同罪である。
一、百姓が他の村へ移住していれば、その地の領主へ届けて戻させよ。もし戻らなければ、召し抱えた者も処罰する。
一、永楽銭は、金子一枚に二十貫文づつ、びた銭は永楽銭一銭に三銭の換算とする。
右の条々、もし違反する者がいれば、成敗する。

同日付けで、青木紀伊守宛ての秀吉朱印状（大東急文庫所蔵）と石川兵蔵宛ての秀吉朱印状（大阪歴史博物館所蔵）があります。青木宛てのものは七ヶ条で、三成宛ての朱印状とほぼ同内容のようです。石川宛てのものは五ヶ条で、『青森県史』資料篇・近世一に収録された活字で見ると、三成宛てのものとはだいぶ構成が違いますが、刀狩りを命じた第一条が、三成宛ての第五条と同じ文章です。

石田三成宛の朱印状は、特に注目すべきもので、それまで秀吉が行おうとしていた諸政策が、一覧できるものとなっています。①検地と百姓臨時使役の禁令、②盗人の禁令、③人身売買の禁令、④百姓の耕作専念義務、⑤刀狩り、⑥百姓の土地緊縛、⑦永楽銭の換算、の七ヶ条です。

このうち、刀狩りを命じた第五条は、すでに公布され、他の地域では武具類を没収しているのだから、出羽・奥州にもこれが適用される、ということを示しています。

この方針は、ちょうどこの頃、秀吉に書状を送った吉川広家に、八月十八日付け朱印状（『大日本古文書　吉川家文書之二』七四一号文書）で次のようにも伝えられています。

【釈文】

書状之旨、於小田原（おだわらにおいて）披見候、出羽奥州其外津軽果迄（はてまで）も、百姓等刀武具等駆（がり）、検地以下被仰付、伊達山形初而足弱共差上、被明御隙（おすきをあけられ）候付而、従会津（あいづより）今日當城迄被納御馬候、然者、為迎（むかえとして）吉川中務少輔差越候通、悦思食候、猶黒田（孝高）勘解由可申候也、

八月十八日〇（秀吉朱印）

羽柴新城侍従とのへ

【現代語訳】

手紙、小田原で読んだ。出羽・奥州そのほか津軽の果までも、百姓らの刀や武具狩り、検地以下を命じ、伊達や山形の最上氏にも妻らを上洛させ、すべて落着したので、会津から帰り今日、小田原城に落ち着いた。迎えとして吉川中務少輔を遣わしたこと、悦んでいる。なお、黒田孝高が詳しく伝えるだろう。

一度出したら二度は出さない

こうした文書を見ると、秀吉の法令の出し方がよくわかります。一度発布した法令は、別に渡さなくても、基本的に全国を規制する法令として通用すべきものとされていたわけです。

そのためには、武力の裏付けが必要です。おそらく、奥羽に進駐した諸大名の軍勢が、現地に刀狩りを命じ、没収した刀や鑓、脇差を秀吉に提出したのでしょう。実力行使なら、朱印状を発給するまでもありません。この時にはすでに大仏殿は完成していますので、大仏殿建立の釘やかすがいにするという理由はあげられませんが、新たに征服した地域なら、そんな宣伝も必要なかったでしょう。

また、文禄二（一五九三）年、改易されて秀吉の直轄地となった薩州家島津忠辰（ただとき）の旧領出水（いずみ）や前年に自害を命じられた島津歳久（としひさ）の祁答院（けどういん）領で刀狩りが行われたように、在地の武装解除が不十分だと思われた地域には刀狩りが命じられています。

武器の没収は、あくまで「百姓等刀武具駆」であり、武士の抵抗力を奪うのではなく、あくまで百姓として耕作すべき階層の者に命じられたものであるとされています。しかし、没収する武具は「刀・脇差・弓・鑓・鉄炮」ですから、江戸時代の百姓ではありません。それまでは村を守るために武装し、ある時は戦国大名配下の武士として活動する者たちでした。

武具の類を没収された者たちは、実際にはともかく、戦いの道具としての刀などの武器は持ってはいけない存在となり、あわせて行われた検地によって、名前が検地帳に記載されることで、百姓身分として確定されることになるのです。

その意味では、天正十六（一五八八）年七月に出された刀狩令の意義は、いくら強調してもしすぎることはないでしょう。藤木氏は、江戸時代に至るまで武器が農村にあったことをもって農民が武装解除されたわけではないことを強調していますが、地侍が耕作に励む農民になった江戸時代においては、自衛のための刀や鉄炮が農村にいくらあったとしても、支配者としては何の問題もなかったのではないでしょうか。

ただし、秀吉文書を考える上で重要なことは、基本法令だった刀狩令でさえ、それほど広く出されたわけではないということです。

刀狩令の事例でわかるように、秀吉は、朱印状を、その時点で知らせるべきと考えた者にしか出していません。つまり、秀吉文書の場合、全国向けの法令であってもすべての支配下大名に発給される体制ではなかったと考えられます。

もちろん、これは、刀狩令が限定的な効力しか持たなかった、ということではありません。秀吉は、いったん命じたことは、新たな征服地にも適用します。刀狩令も、検地もそのような政策として理解するべきです。ここで問題にしているのは、朱印状の出され方の問題です。

逆に言えば、刀狩令のような法令は、江戸時代まで残った大名家に伝存していない場合は、その大名には発給されなかった、という解釈ができるということです。受け取った文書を系統的に整理している大名家文書に、本来あるべきと考えられる秀吉朱印状がない場合、それはその大名には発給されていなかった、と考えてみる必要があります。

この結論は、当たり前のようですが、これまであまり意識されてきませんでした。そのため、この点に留意することによって、他の秀吉法令の解釈の仕方が従来とは違ってきます。第二講では、「人掃令」と「身分法令」を素材に、その点を考えていきましょう。

第二講

「人掃令」と「身分法令」

第1章
秀次「人掃令」原本の確定

◎「人掃令」の定説

一般にはあまり知られていないかもしれませんが、豊臣政権下において「人掃令（ひとばらいれい）」と呼ばれる、町や在地に家数・人数等の調査を命じた法令が出されたとされています。

しかし、「人掃令」は、『吉川家文書』に収められた天正十九（一五九一）年三月六日付け安国寺恵瓊・佐世元嘉連署事書状の記載内容からその存在が推測されながら、原本は不明とされていました。その後、「人掃令」を「発見」したという論文も出ましたが、それに対して批判も出され、現在でも確定されていません。

まず、「人掃令」の存在を示唆する文書（『大日本古文書　吉川家文書之二』九七五号文書）を掲げましょう。[*1]

【釈文】

急度（きっと）申候、

一、従当　関白様（とうかんぱくさまより）六十六ケ国へ人掃之儀被仰出候事、
付、中国御拝領分ニ岡本次郎左衛門尉・小寺清六被成御下（おくだしなされ）、廣嶋御逗留之事、

一、家数人数男女老若共ニ一村切ニ可被書付事、
付、奉公人ハ奉公人、町人ハ町人、百姓者百姓、一所ニ可書出事、但書立案
文別紙遣之候、

一、他国之者他郷之者不可有許容事、
付、請懸り手有之ハ、其者不可有聊爾之由（りゅうじあるべからざるのよし）、血判之神文を以可被預ケ置事、
付、他国衆数年何たる子細にて居住と可書載候、去年七月以来上衆人を可憑（たのむべき）
と申候共、不可有許容事、

一、廣嶋私宅留守代、并在々村々ニ被置候代官衆之書付、至佐与ニ可被指出事、

一、御朱印之御ケ条、并地下究之起請案文進之候、令引合無相違様ニ可被仰付事、

右之究於御延引者、彼御両人直ニ其地罷越、可致其究之由、一日も早々家数人数帳
ニ御作候て可有御出候、於御緩者（おゆるみにおいては）、其地下〱へ可為御入部之由候之間、為御届こ

まく申達候、已上、

天正十九年

三月六日

安国寺

佐世与三左衛門（花押）

（押紙）
「廣家奉行」
粟屋彦右衛門尉殿

桂　左馬助殿

【現代語訳】

厳しく申し伝えます。

一、現在の関白様より、六十六ケ国へ人掃のことが仰せ出されました。

付けたり、中国地方の毛利家拝領の領地に、岡本次郎左衛門と小寺清六を御下しなされ、広島に御逗留するとのこと。

一、家数と人数は男女老若すべて、村ごとに書き付けるように。

付けたり、奉公人は奉公人、町人は町人、百姓は百姓をまとめて書き出すように。その提出書類の案文は別紙にして遣わします。

一、他国の者、他郷の者が村にいることは許さないということ。付けたり、他国・他郷の者で保証する者がいる場合は、きちんと預かっていることを、血判の神文を取った上で預け置くこと。付けたり、他国の者が、これまでどのような理由で居住していると書き載せよ。去年七月以来の者は、「上衆人を憑むべく」[*2]と申しても許容しない。

一、広島の居城の留守代、および在々の村々へ置いた代官衆の書付を、佐世与三左衛門に差し出すこと。

一、御朱印の御箇条、および地下から取る起請の案文を送る。よく引き合わせ、間違いのないように仰せ付けられること。

右の作業が延引すれば、かの御両人が直接現地へ行き、調査するということで、一日も早く家数人数を帳面にし、提出してください。いいかげんにしていると、現地へ役人が入るということですので、注意を喚起するため細々と申し達します。以上。

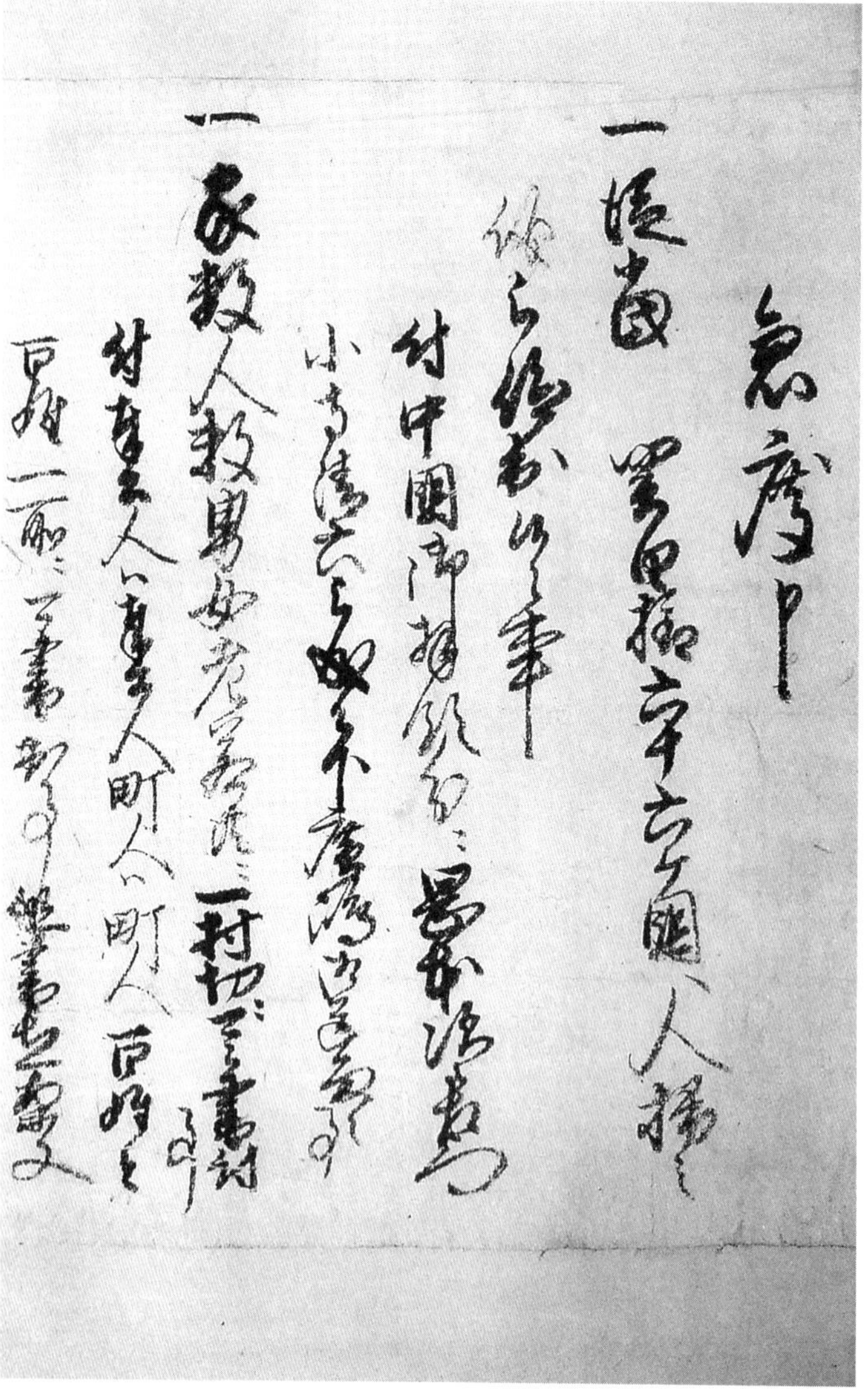

急度申
一 当関白様六十六ヶ国へ人掃
之儀被仰出候事
付 中国御拘分ニ 景(?)[illegible]
小早川殿より不寄[illegible]
一 家数人数男女老若共ニ一村切ニ可書付
付 奉公人ハ奉公人 町人ハ町人 百姓ハ
百姓一所ニ可書出事

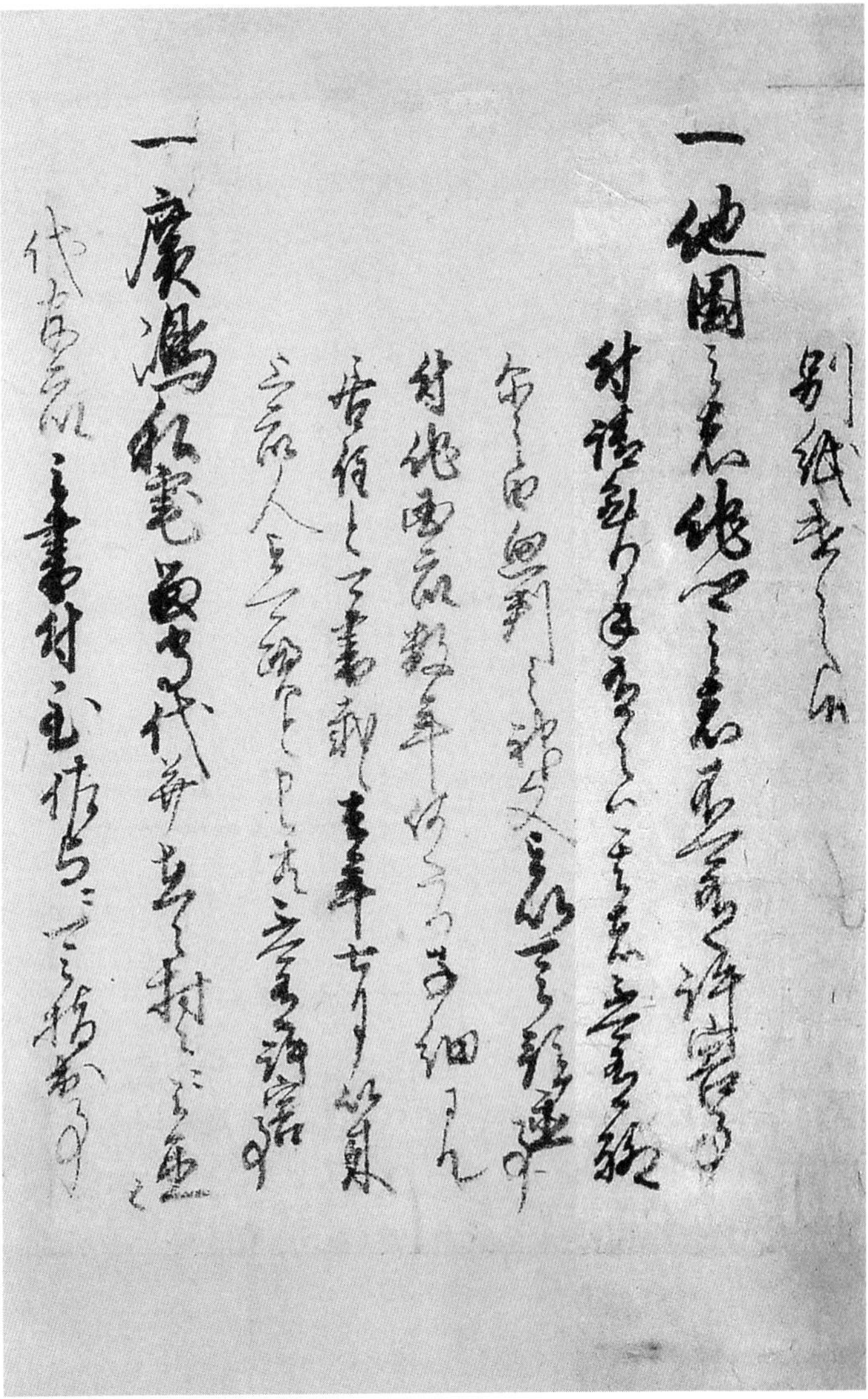

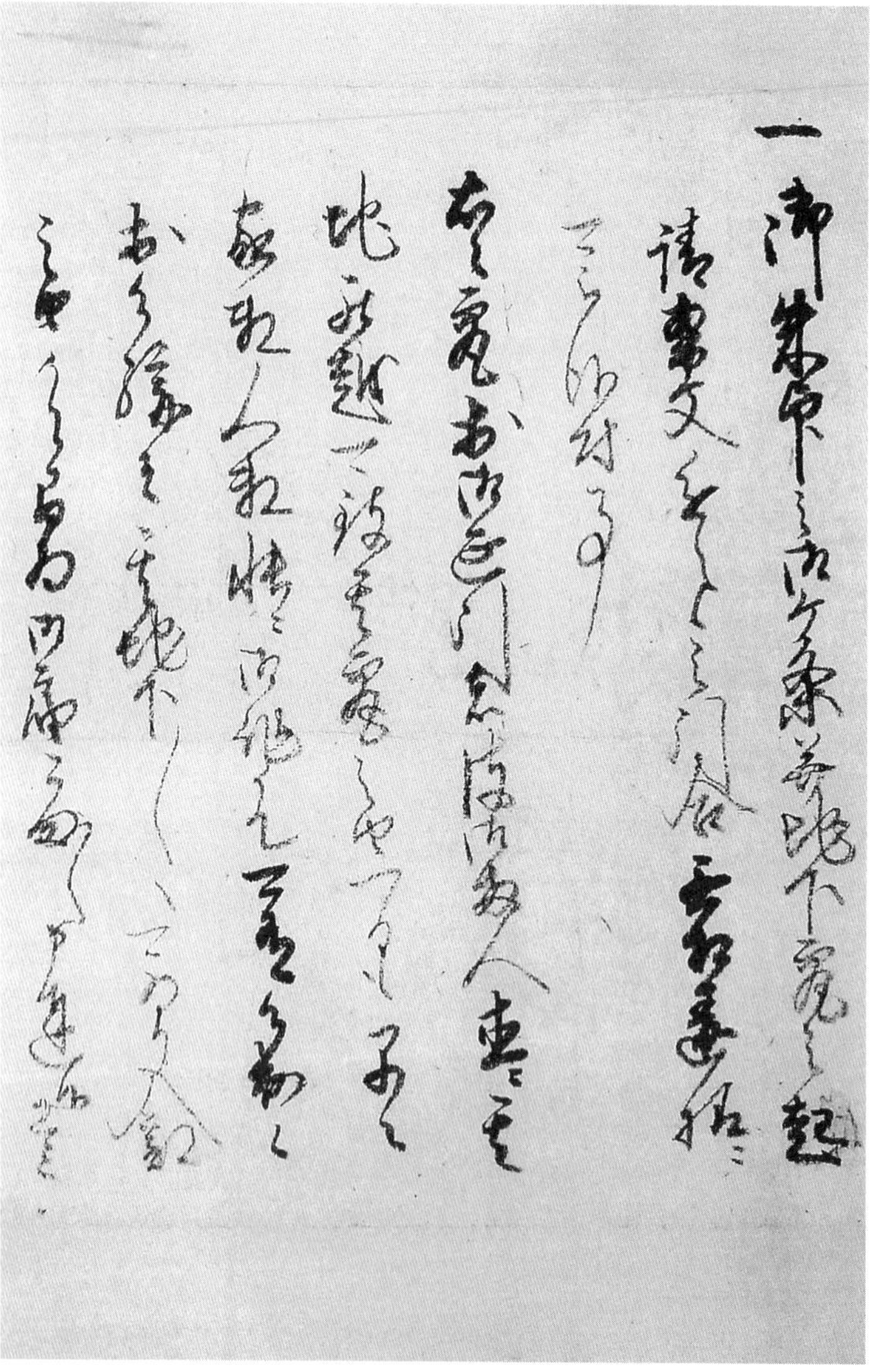

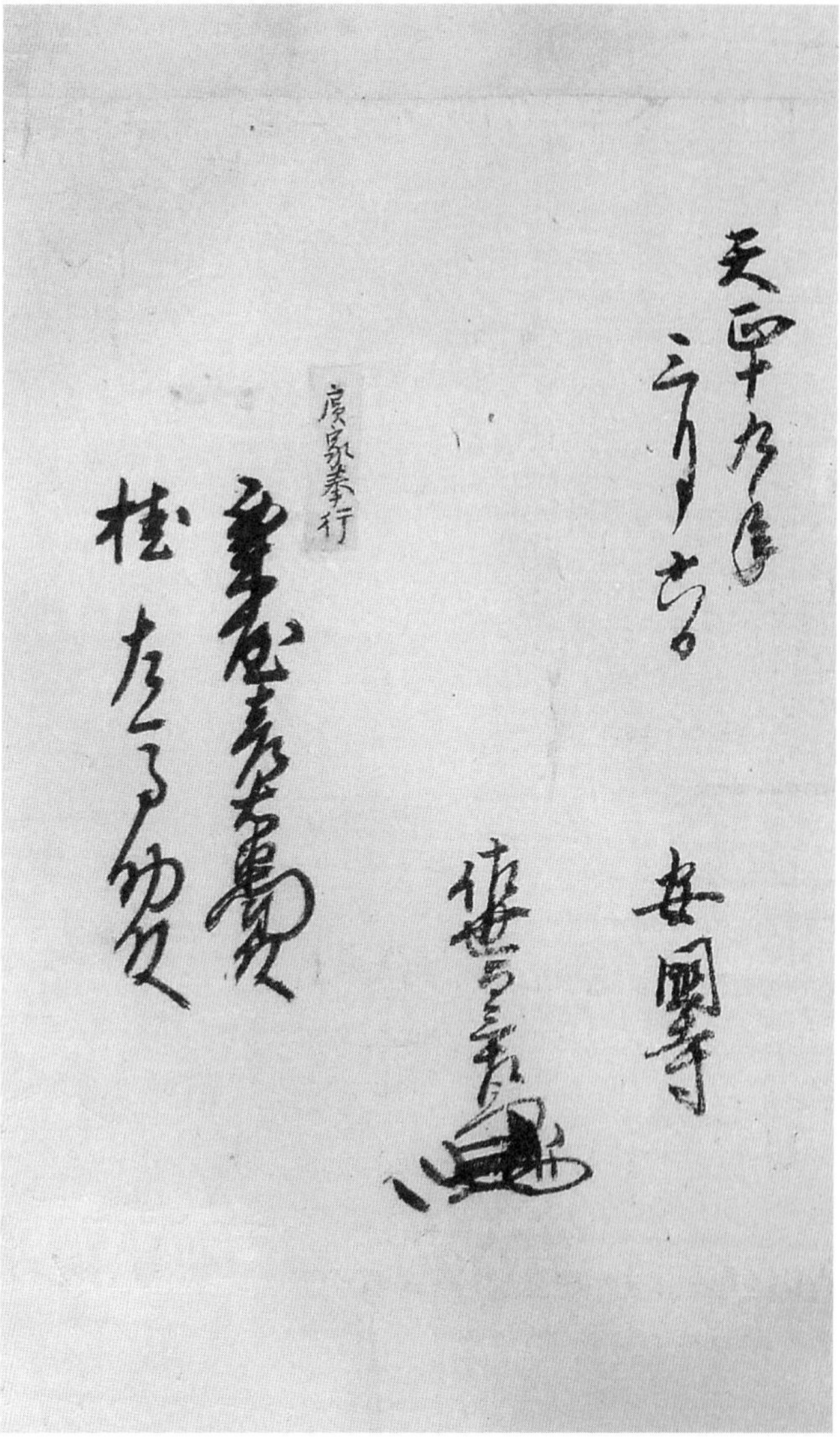

（吉川史料館所蔵）

第一条で、「当関白様」が、「人掃之儀」を全国六十六カ国に発令したという事実がわかります。そして第二条では、「人掃之儀」が、村ごとに家数人数を、男女老若すべて書き上げさせた全国的な戸口調査であることがわかります。さらに第三条で、それぞれの村に、他国の者や他郷の者を置いてはいけない、と命じられたことがわかります。

この文書（以後、〈人掃施行命令〉と呼びます）は、東京大学史料編纂所の相田二郎氏が、『大日本古文書　吉川家文書』を編纂する過程で発見し、天正十九（一五九一）年三月、朝鮮出兵を控えた秀吉が、軍用の人夫を徴発するために全国の戸口調査を命じた「人掃令」が存在する、と推測しました（「豊臣秀吉の戸口調査」『歴史地理』四十六巻六号、一九二五年）。この推測は、長く定説として受け継がれてきました。

＊1　この文書は、『吉川家文書』の中の「吉川正統除目」に分類された史料群に収められている。
＊2　「上衆人可憑」は難解で、現在のところどう訳してよいのか不明である。

◎三鬼清一郎氏の説

これに対し、名古屋大学の三鬼清一郎氏は、人掃令の発令を示す文書には「天正十九年三月」と書かれているが、これは間違いで、実際は天正二十年と年代比定すべきであるとしました（「人掃令をめぐって」『名古屋大学日本史論集』下巻、吉川弘文館、一九七五年）。

最大の根拠は、秀吉はつねに「関白様」と呼ばれており、「当関白様」という「『現時点において関白の位についている人』という、驚きにも似た感情がこめられて」[*3]いる表現が使われるはずがない、ということでした。このほか、人掃令に関する一連の法令がすべて関白豊臣秀次の朱印状として天正二十年以降に発令されていること、人掃令実施を裏付ける在地史料が天正二十年三月二十四日～二十八日付のものに限られていることなども根拠でした。

文書に天正十九年と記載されていることについては、三鬼氏は「原文書を検討する機会を得ていない段階」だと断りながら、年代の誤記、あるいはその部分が後筆である可能性を指摘しました。三鬼氏の論証は尤もなものでしたので、この説は学界に受け入れられ、人掃令は秀吉の政策として言及されることはなくなりました。

原文書の写真を掲げておきましたが、はっきりと「天正十九年三月六日」と書かれており、年月日は同筆のようですので、誤記だと考えるのが適当です。〈人掃施行命令〉から推測される「人掃令」は、奉公人は奉公人、町人は町人、百姓は百姓とまとめて記載するよう命じられ、また他国や他郷の者を村に入れることを許容しないようにとの指示もあるとされ、村に居住する者をすべて把握しようとする画期的な法令のはずです。

しかし、秀吉の法令としては、刀狩令と身分法令が有名で、高校の日本史教科書にも必ず載せられますが、人掃令は載せられていません。これは、人掃令が、秀吉ではなく、「当関白様」すなわち秀吉の甥秀次によって発令されたことがわかったからでしょう。

ただし三鬼氏は、「人掃令」を関白である秀次でなければ出し得ない政策として積極的に位置づけ、「国制的原理にかかわる」ものとして高く評価しています。少しわかりにくい表現ですが、簡単に言えば、封建的な主従関係で諸大名を統制する秀吉に対し、関白という官職によって日本という国家を統治する秀次という別の権力があった、ということでしょう。

＊3　三鬼清一郎「人掃令をめぐって」一〇四頁。ただし、「当関白様」は、それまで関白であった秀吉と誤解することがないよう、文字通り現在の関白様と明示しているだけで、「驚きにも似た感情」は込められていない。

「人掃令」の原本は存在しない？

しかし、そこにはまだ大きな疑問が残されていました。「人掃令」そのものを命じた秀次朱印状が存在しないというのです。三鬼氏は、「このような国制的原理にかかわるような事項は、直状形式ではなく、奉行人から各領主に対して具体的な指示が出されているのではないかと思われる」と苦しい説明をしています。

これに対し、精力的に豊臣秀次に関する研究を行っている藤田恒春氏は、次のように述べています（『豊臣秀次の研究』文献出版、二〇〇三年）。

全国令と考えるとき、秀吉に見られるような大型の大高檀紙をもってこそ触れられたと想定するほうが自然ではないだろうか。秀次奉行人の奉書にせよ連署状にせよ残されていないのである。

これが当然の想定だと思われます。安国寺らの連署状には、確かに、「従当　関白様六十六ケ国へ人掃之儀被仰出候事」と書かれています。素直に読めば、当関白（現在の関白）秀次様から、日本を構成する六十六カ国へ「人掃之儀」が命じられたということは明白です。それを命じた文書は、当然、秀次の朱印状で出されたはずです。*4

*4 藤田氏は、その後、秀次の奉行人の考察などを行い、「秀次の奉行人たちにより各大名へ伝達されたと仮定する理解には、なお問題を残しているように思われる」と解答を保留し、別の議論に進んでいく。

◎「人掃令」の原本を探す

〈人掃施行命令〉の第五条に注目してみましょう。ここには「御朱印之御ケ条、并地下究之起請案文」を送る、と書いています。「御朱印之御ケ条」とは、一つ書きの形で書かれた朱印状のこと、「地下究之起請案文」とは、在地で調査することを誓う起請文のひな型のことです。

普通に読めば、安国寺らは、「御朱印之御ケ条」、つまり一つ書きで書かれた秀次朱印状を受け取り、その原本または写と「地下究之起請案文」を吉川広家の家臣である粟屋彦右衛門尉と桂左馬助に渡していると考えられます。秀次が、刀狩令のような「條々」などで始まる「人掃之儀」を命じた朱印状を発給していることは確実なのです。

秀次朱印状とともに送られた「地下究之起請案文」については、陸奥の伊達氏領内で提出された代官石田豊前守の起請文が残っています。三鬼氏が「人掃令実施を裏付ける」例証とした文書です。

この起請文前書の第一条には、「御朱印五箇条之御置目、并百姓三箇条誓詞之趣、慥（たしか）ニ御請乞申上候事」とありますから、「御朱印之御ケ条」の一つ書きの数は、五ヶ条だったと考えられます。

「御朱印五箇条之御置目」については、『吉川家文書』にも類似の表現があります。文禄二（一五九三）年正月日付け秀次朱印状（『大日本古文書　吉川家文書之二』一二六号文書）です。

【釈文】

来三月、太閤御方高麗御渡海ニ付而、国々諸奉公人之儀、去年正月、以五箇条守被仰出旨、高麗并名護屋在陣之面々ニ奉公のともから、為寛（くつろぎのため）罷帰於有之者[*5]、侍・中間・小者・あらしこに至迄、當月中ニ、なこやへ可参陣、若背法度、諸国在々所々ニ於隠居者（かくれおるにおいては）、其者の事ハ不及沙汰、類身其所代官給人、別而地下人越度可為曲事者也、

文禄弐年正月日◯（秀次朱印）（押紙）「秀次公」

羽柴富田侍従分領
出雲国中其外
所々留主居中

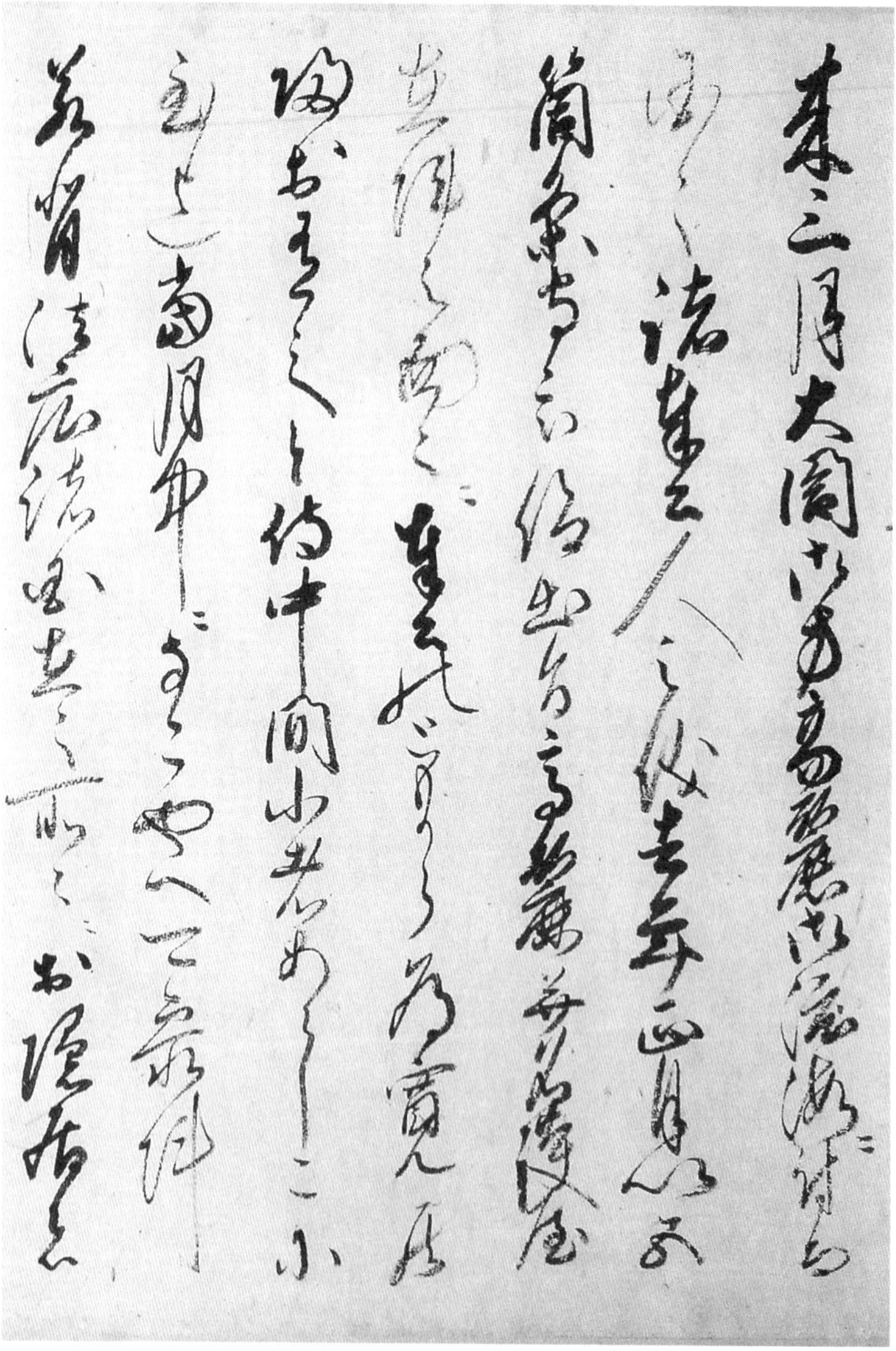

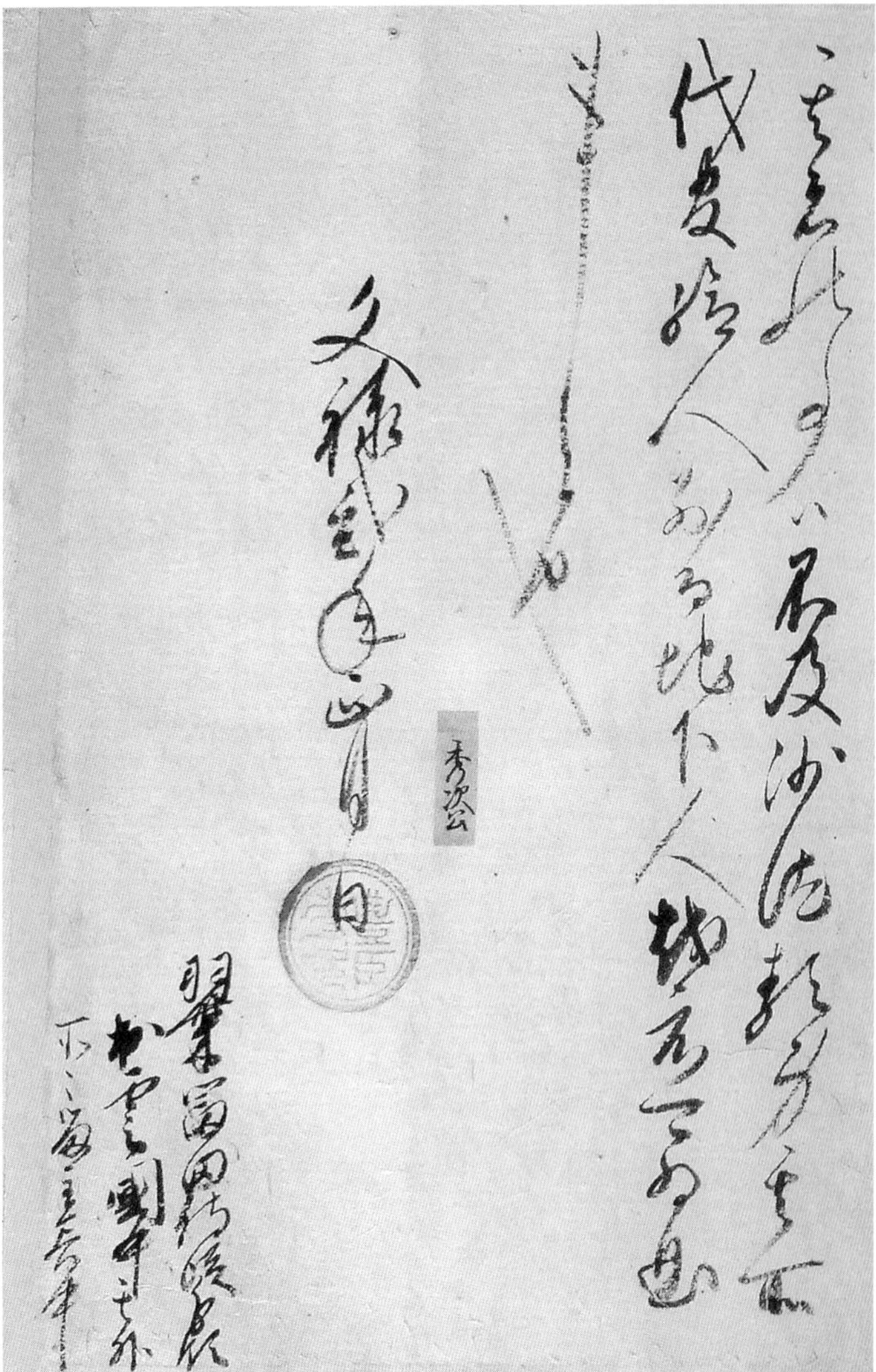

（吉川史料館所蔵）

【現代語訳】

今度の三月、太閤様が高麗へ御渡海になるので、国々の諸奉公人は、去年正月に五箇条で仰せ出された旨を守り、高麗および名護屋に在陣する武士たちに奉公する者で休養のため帰国した者は、侍・中間・小者・あらしこに至るまで、今月中に名護屋へ参陣せよ。もし法度に背き、諸国の村々などに隠れていれば、その者は当然のこと、親類やその村の代官や給人、および村の者たちも罪とする。

ここで書かれている「去年正月、以五箇条守被仰出旨[*6]」の「五箇条」が、石田豊前守起請文前書の「御朱印五箇条之御置目」と同じものを指すことは明らかだと思います。

重要なのは、五箇条で仰せ出されたという「法令」が去年正月、すなわち天正二十（一五九二）年正月である、ということです。

三鬼氏の言うように、「人掃令」が天正二十年の二月か三月に出されたとすれば、この秀次朱印状ではそれを引用するはずです。しかし、そうは言わず、天正二十年正月の法令を引用しているのです。だとすれば、「人掃令」は、天正二十年正月に出された五ヶ条の秀次朱印状だと考えるべきでしょう。その内容は、文禄二（一五九三）年正月日付け秀次朱印状で命じられた「侍・中間・小者・あらしこに至迄、當月中ニ、なこやへ可参陣」と関連のあるもののはずです。

もともと、三鬼氏が二月か三月に出されたとする根拠は、〈人掃施行命令〉が三月六日付けであるというほかにはないようです。正月でもかまわないはずです。

＊5　三鬼清一郎氏は、前掲「人掃令をめぐって」の中でこの史料を引用しているが、この部分を「奉公たるもの、くつろきとして罷帰於在之者」と書いている。なぜ活字史料の引用がこのように変化しているのか、理解に苦しむ。ほかにも、「被仰出旨」が「被仰出候間」となっている。史料の写真を見ても、活字通りに読むべきであって、三鬼氏のようには読めない。

＊6　この部分は、本来は、「守以五箇条被仰出旨」と書くべきところで、「去年正月、五箇条を以て仰せ出さるる旨を守り」と読める。

「人掃令」の原本を特定する

そのような朱印状を秀次は発給しているのでしょうか。「吉川家文書」では、この秀次朱印状の前に、二通の秀次朱印状が収められています。どちらも天正二十年正月日付けの次のようなものです。そのうちの一通を引用しましょう（『大日本古文書　吉川家文書之二』一二二四号文書）。

【釈文】

條々

一、唐入に付而御在陣中、侍・中間・小者・あらし子・人夫以下に至る迄、かけ落仕輩於有之者、其身の事は不及申、一類并相拘置在所、可被加御成敗、但雖為類身、告しらするにおひては、其もの一人可被成御赦免、縦使として罷帰候共、其主人慥なる墨付於無之者、可為罪科事、

一、人足飯米事、惣別雖為御掟、尚以給人其念を入可下行事、

一、遠国より御供仕輩ハ、軍役それ〳〵に御ゆるしなされ候間、来十月にハかはりの儀、可被仰付候間、上下共ニ可成其意事、

一、御陣へ召連候百姓之田畠事、為其郷中作毛仕可遣之、若至荒置者、其郷中可被成御成敗旨事、付、為郷中作毛不成仕合於有之者、兼而奉行へ可相理事、

一、御陣へめしつれ候若党・小者ニ取替之事、去年之配當半分之通、かし可遣之、此旨相背者、とり候もの、事は不及申、主人ともに可為曲言事、

右条々、於違背之輩者、可被處厳科者也、

天正廿年正月日〇（秀次朱印）
（押紙）「関白秀次公」

伯耆西三郡之内
羽柴戸田侍従とのへ

【現代語訳】

條々

一、唐入りについて御在陣中に、侍・中間・小者・あらし子・人夫以下に至るまで、逃亡する者がいれば、その者は言うに及ばず、その者の親類や匿った在所に、御成敗を加える。ただしそれに関わった者でも、密告した場合は、その者一人だけを許す。たとえ使いとして帰った者も、その主人の確かな証明書がない者は、罪科とする。

一、人足の飯米は、すでに御掟を出しているが、なお給人が念を入れて与えよ。

一、遠国から御供した者は、軍役をそれぞれに免除されたので、十月には交代するよう命じられるので、上下ともにそう考えよ。

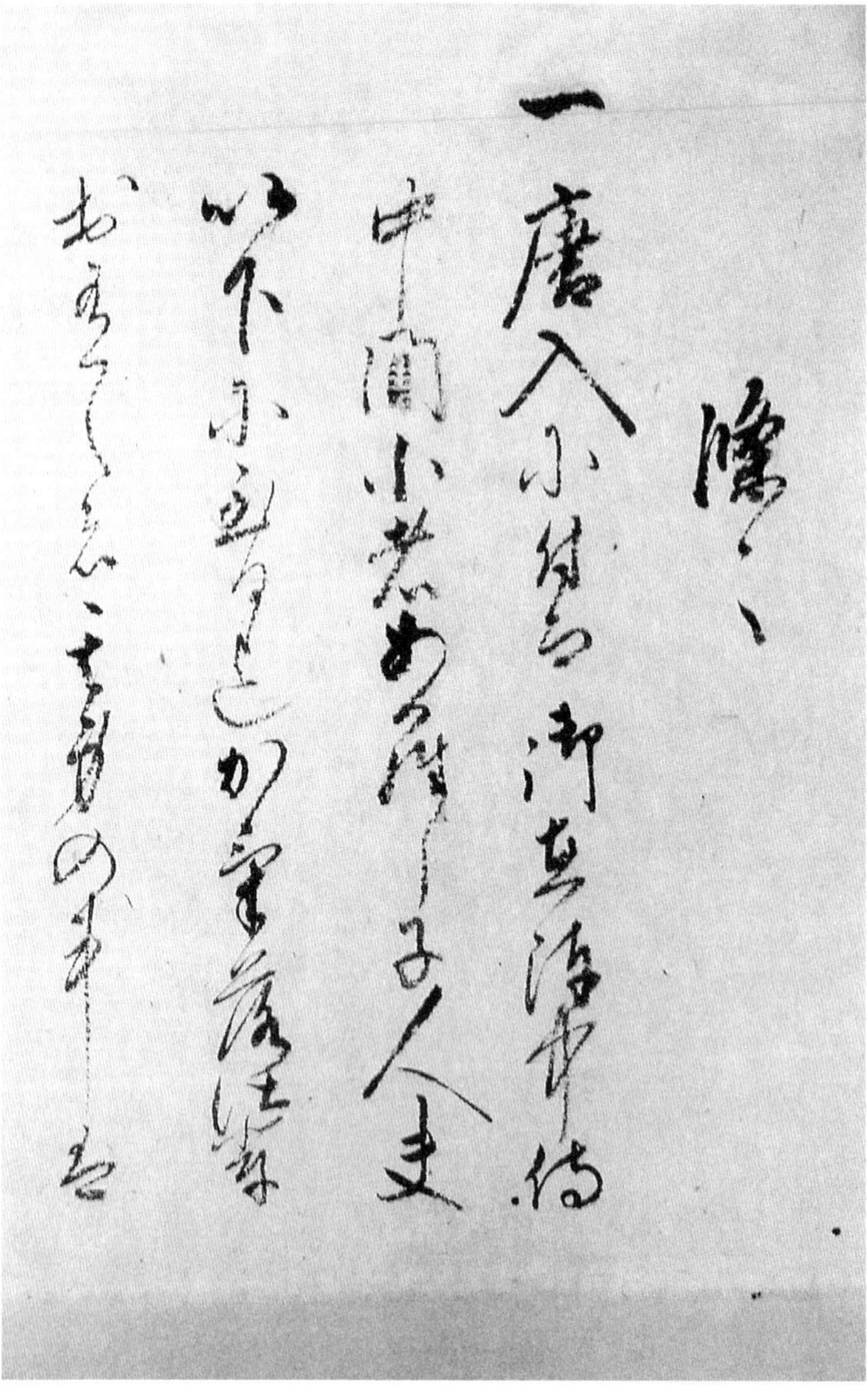

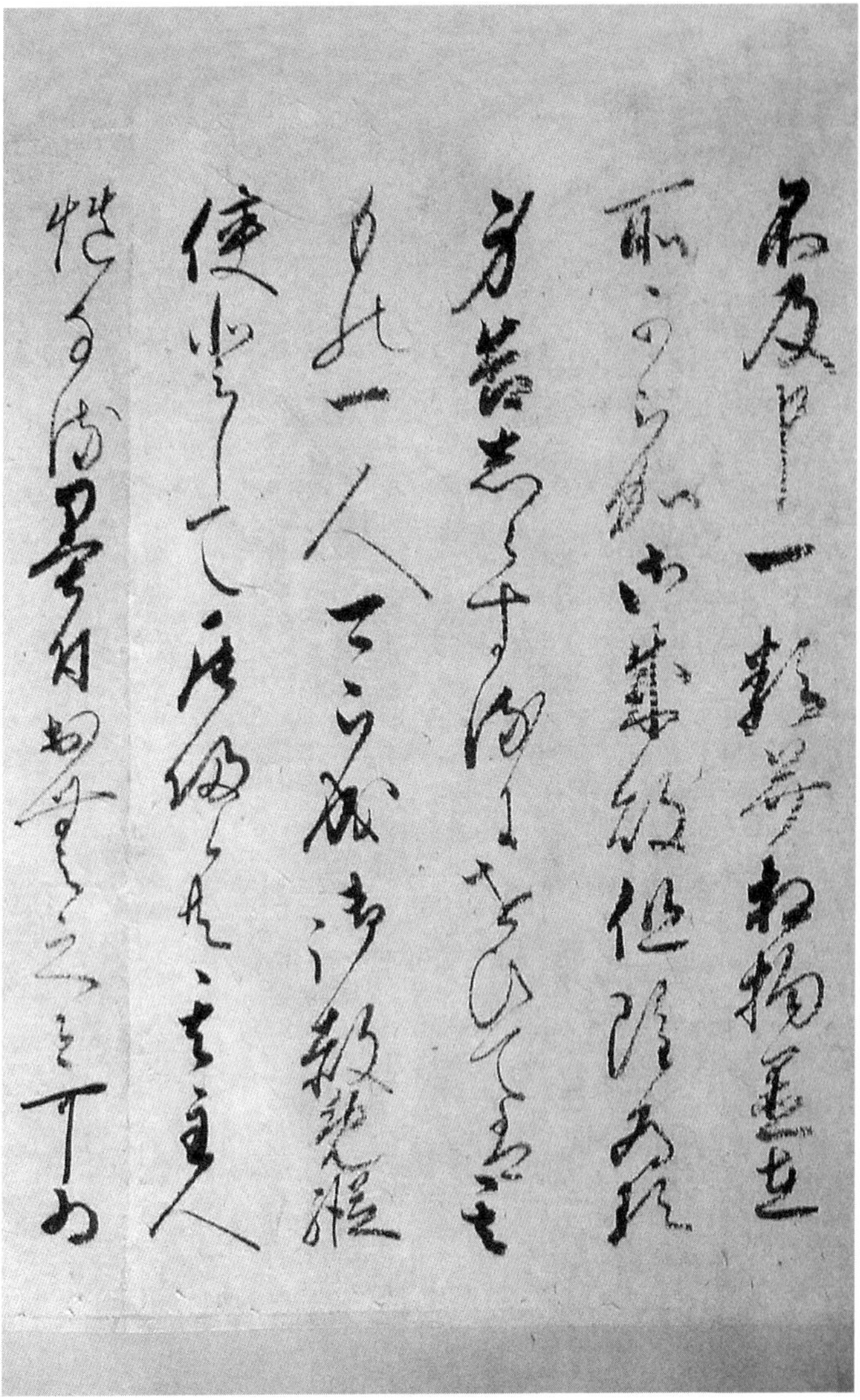

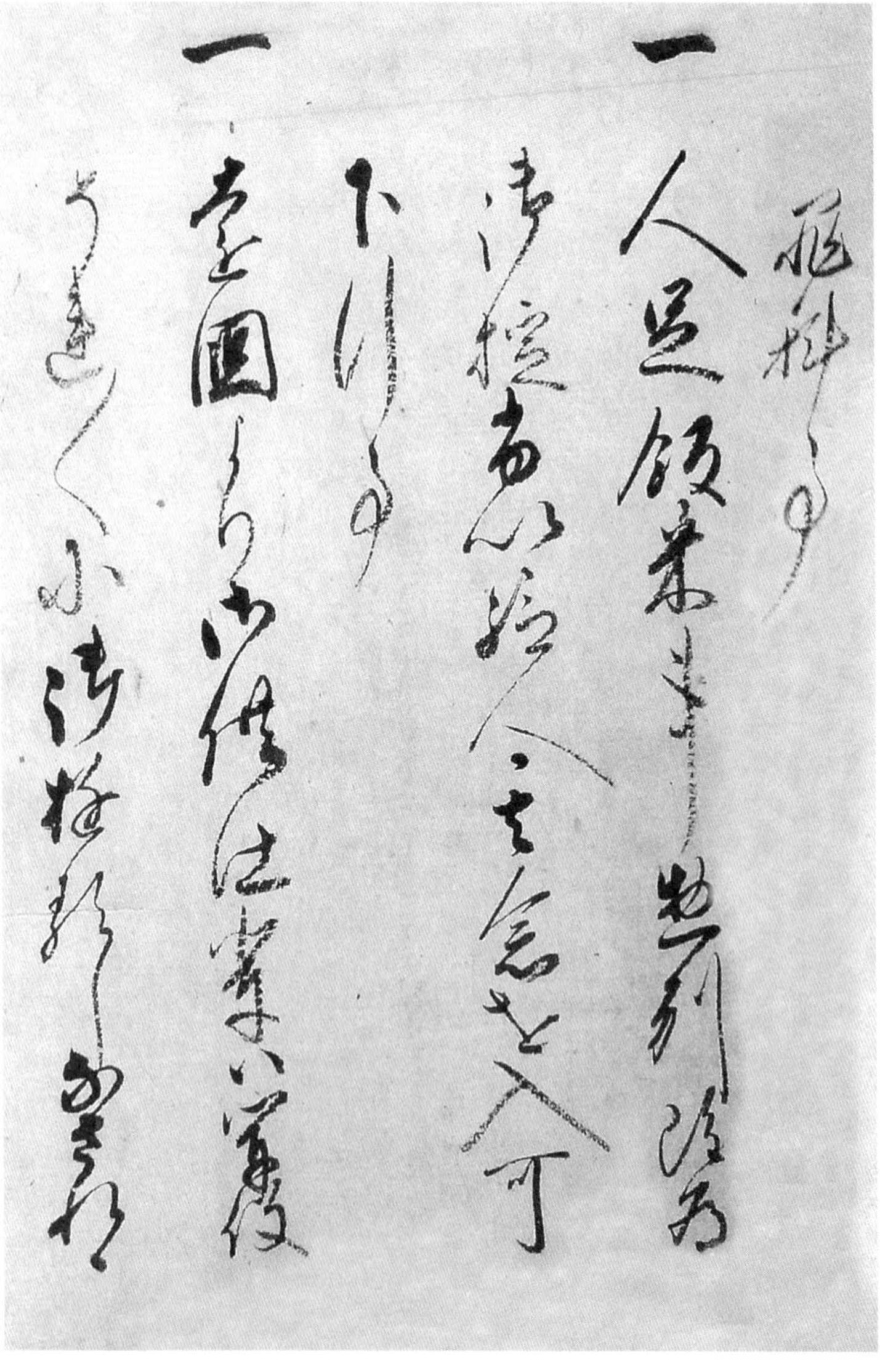

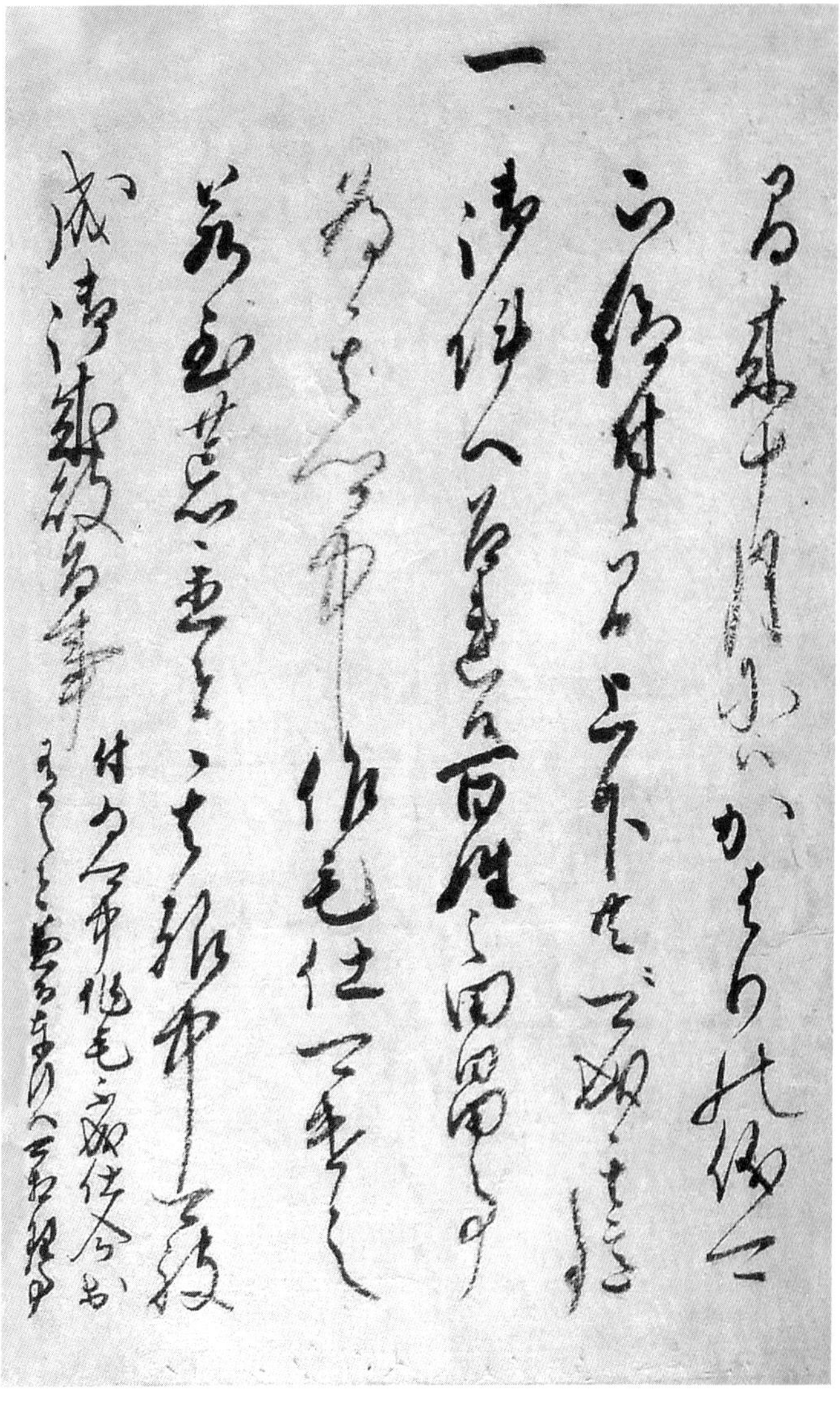

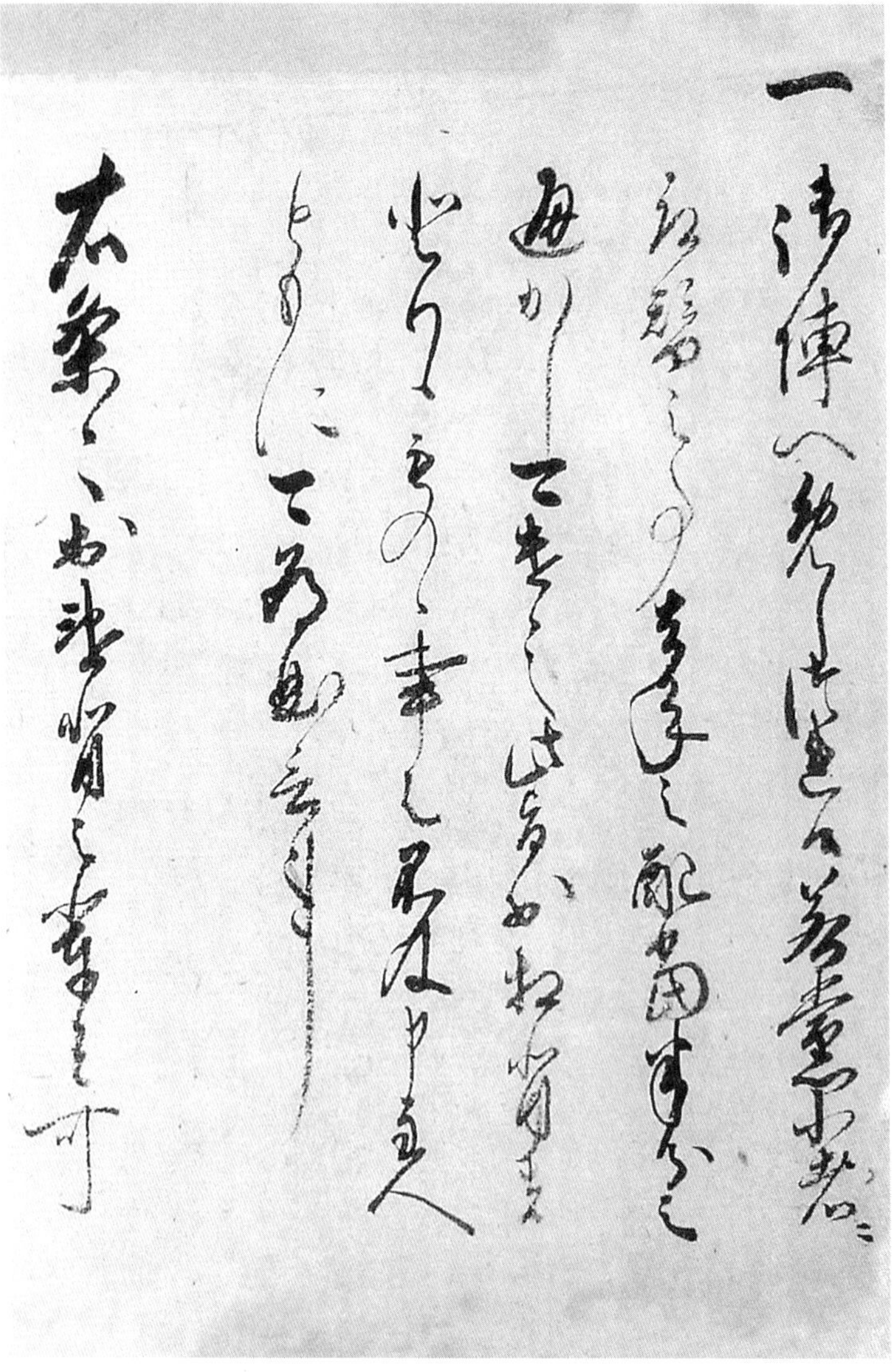

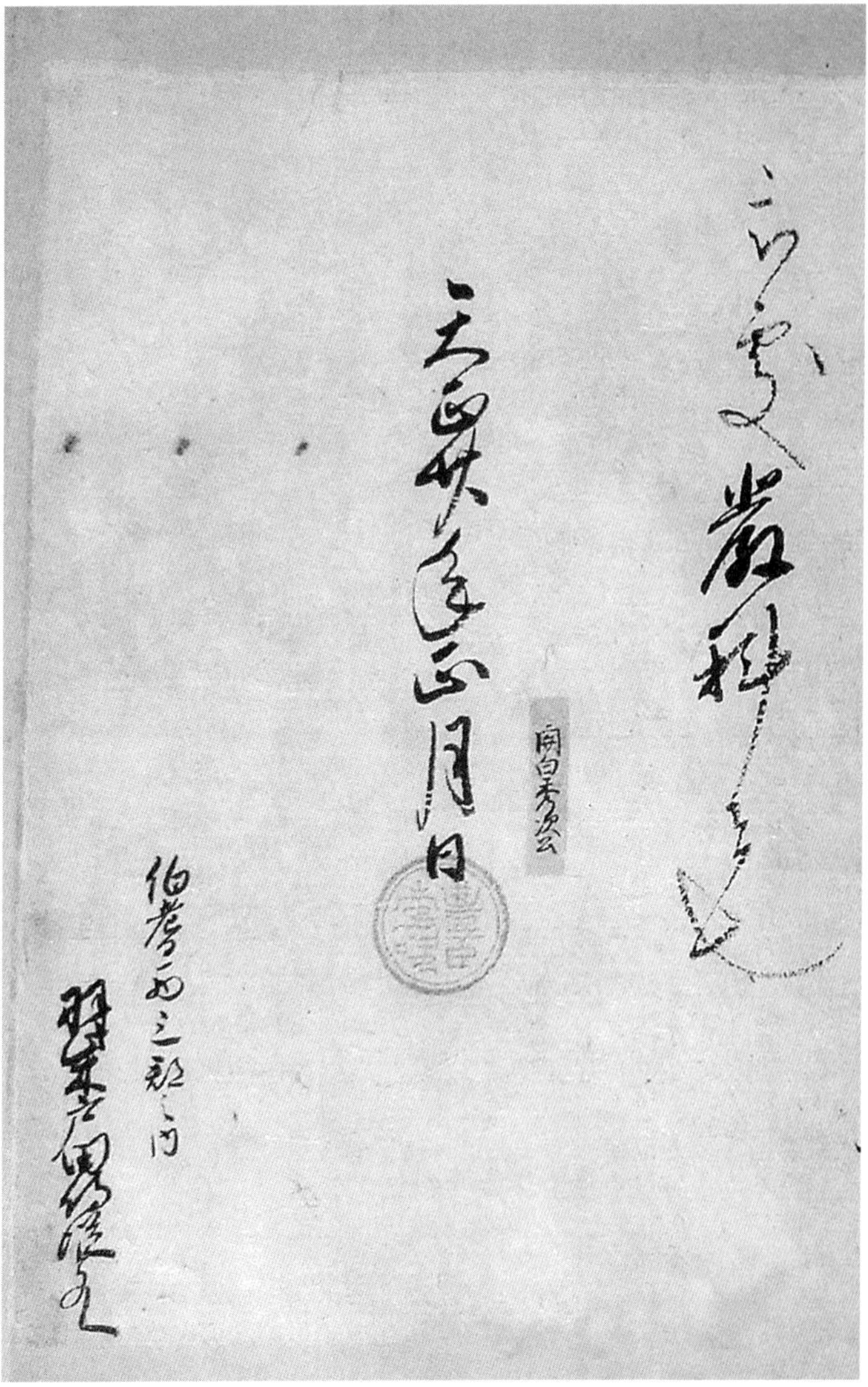

（吉川史料館所蔵）

一、御陣へ召し連れた百姓の田畠は、その郷中として耕作せよ。もし荒し置いたとしたら、その郷中を御成敗なさるということだ。付けたり、郷中として耕作できなければ、前もって奉行に許可を得よ。

一、御陣へ召し連れた若党や小者への取替は、去年の配当の半分を貸し与える。これに背いた場合は、取替を取った者は言うに及ばず、主人も処罰する。

右の条々に背く者がいれば、厳科に処すものとする。

宛所は、どちらも吉川広家ですが、一通（一二四号文書）は伯耆西三郡の領主としての広家（宛所は「伯耆西三郡之内　羽柴戸田侍従とのへ」）、もう一通（一二五号文書）は出雲の領主としての広家に宛てたもの（宛所は「出雲国中羽柴戸田侍従とのへ」）です。「條々」で始まる定書で、「五箇条」のものです。少なくとも「人掃令」は、〈人掃施行命令〉を伝存する『吉川家文書』にはなければならないはずですから、まさにこの秀次朱印状が該当すると考えられます。

そして当関白様が全国六十六ケ国へ出されたというのですから、さすがに『吉川家文書』にしか残されていないというのは問題です。この朱印状なら、『浅野家文書』に「浅野左京大夫（浅野幸長）とのへ」という宛所のあるほぼ同文の秀次朱印状（『大日本古文書　浅野家文書』二六〇号文書）が一通あります。『島津家文書』（二番箱十一巻）には宛所のないほぼ同文の朱印状写があり、ほかに「尊経閣文書纂」に収録されたものなどが知られています。

そのほか、陸奥の伊達政宗領内では代官・石田豊前守の起請文前書（『貞山公治家記録』巻之十八・上）がありますから、[*7]「人掃令」はそれなりの広がりを持って出されていることになります。

＊7　なぜ、『伊達家文書』に秀次朱印状（「人掃令」）が伝存しないのかが疑問として残る。これについて私は、伊達家が置かれた地位に関係すると考えている。伊達家は、第四講で見るように浅野長政の「指南」を仰いでおり、本来は秀吉や秀次から直接朱印状をもって命じられるべき大名ではなかったのかもしれない。『伊達家文書』（大日本古文書）に秀吉朱印状の数が少いことも、この推測を裏付けていると思われる。このようなそれぞれの大名家文書が持つ特質を考察していくことも、本書が提起する課題である。

第2章

二通の「人掃令」？

勝俣鎮夫氏による「人掃令」の発見

第1章で、〈人掃施行命令〉を伝存する『吉川家文書』中の天正二十（一五九二）年正月日付けの秀次朱印状が、三鬼氏が不明とした「人掃令」の原本であることを指摘しました。

実は、勝俣鎮夫氏も、天正二十年正月日付けの秀次朱印状が「人掃令」であることを指摘しています。（「人掃令について――豊臣政権の国家構想と関連して――」『東京大学教養学部人文科学科紀要』第九十二輯、一九九〇年）。ただし、後述するように、さらにそれを否定する批判が出されたため、先に引用した藤田氏も、いまだに「人掃令」の原本は不明だとしているのです。

勝俣氏の議論は、安国寺・佐世与三左衛門連署状の第三条が、人掃という呼称にふさわしいものになっている、とすることが特徴で、次のように述べています。

第三条は、領国内のそれぞれの村または在所において、ある時点以後、新規に移住することを禁止した条項であり、現にそこに移住している新規移住者または、以後移住しようとするものを、追放する（「掃う」・「払う」）ことをとおしてこれを実現しようとしている。

『日本国語大辞典』によれば、「はらう」には【払・掃】の漢字があてられ、①として、「有害・無益・不用のものを取り除く。」という意味が載せられています。確かに勝俣氏のいうように、人掃令は、その村に本来いるべきではない他国・他郷の者を追放せよという条項に注目した命名だった、と考えても問題はないようです。[*8]

勝俣氏は、この人掃の語義の推論を決め手に、従来から〈人掃令施行命令〉にある「御朱印之御ケ条」が指す文書とされてきた『吉川家文書』の天正二十年正月日付の五ヶ条の秀次朱印状を、「人掃令」そのものである、と指摘しました。

そして、この秀次朱印状が「人掃令」とされてこなかった理由を、この朱印状の内容と、家数人数帳の作成という人改、家改の性格の強い「人掃」との、「あまりにも大きい内容上のギャップ」があったためではないかと推測しました。

勝俣氏の論証はシンプルなものですが、説得的なものだと思います。しかし、勝俣氏がその後に付け加えた議論に問題があったため、批判を受けることになり、天正二十（一五九二）年正月日付け秀次朱印状は、いまだに「人掃令」として多くの研究者の承認を受けるところまで至っていません。

＊8　ほかに「掃」の意味として、『日本国語大辞典』では、①のホで「服従しないものを討ち退ける。乱をしずめる。平定する」、②で「まわりのものを圧倒する。威圧する」という意味が載せられ、口として「刀などを左右に振る。横様に切る。なぎ倒す。」という解説がある。①は万葉集以来ある語意で、②は太平記などにある語意。

秀吉の「身分法令」

天正二十年正月日付け秀次朱印状を「人掃令」原本だと考えた場合、やはり次の「身分法令」（『大日本古文書　浅野家文書』二五八号文書）との関連が考えられます。

【釈文】

定

一、奉公人、侍・中間・小者・あらしこに至るまて、去七月奥州へ御出勢より以後、新儀ニ町人百姓ニ成候者有之者、其町中地下人として相改、一切をくへからす、若(もし)かくし置ニ付而ハ、其一町一在所、可被加御成敗事、

一、在々百姓等、田畠を打捨、或ハあきなひ、或賃仕事ニ罷出輩有之者、其もの、事ハ不及申、地下中可為御成敗、并奉公をも不仕、田畠もつくらさるもの、代官給人としてかたく相改、をくへからす、若於無其沙汰者、給人くわたい(過怠)には、其在所めしあけらるへし、為町人百姓於隠置者、其一郷同一町可為曲言事、

一、侍・小者ニよらす、其主にいとまをこハす罷出輩、一切かゝへへからす、能々(よくよく)相改、請人をたて可置事、但右者主人有之而、於相届者、互事候條、からめとり、前之主の所へ相わたすへし、若此御法度を相背、自然其ものにがし候ニ付てハ、其一人の代ニ三人首をきらせ、彼相手之所へわたさせらるへし、三人の代不申付ニをひては、不被及是非候之條、其主人を可被加御成敗事、

右條々、所被定置如件(くだんのごとし)、

天正十九年八月廿一日◯（秀吉朱印）

【現代語訳】

一、武家奉公人は、侍・中間・小者・あらしこに至るまで、去る七月に奥州へ軍勢を出して以後、新しく町人・百姓になる者がいれば、その町や村に住む者が調査し、一切置いてはいけない。もし隠し置けば、その町や村の者を全員成敗する。

一、村々の百姓らで、田畠を捨て、商売や賃仕事に出る者がいれば、その者は言うに及ばず、その村全体を成敗する。また、武家奉公をもせず、田畠も耕作しない者は、代官や給人として厳しく調査し、置いてはいけない。もしそうしなければ、給人が過怠している場合はその村を取り上げる。町人や百姓が隠し置いていれば、その郷や町の罪とする。

一、侍でも小者でも、その主人に暇を乞わずに出た者は、一切抱えてはならない。よくよく調査し、保証人を立てて置くようせよ。ただし、前の主人からその旨を届けた場合は、互いのことなので、捕まえ、前の主人に渡せ。もしこの御法度に背き、もし逃がした場合は、その者一人の代わりに別の者三人の首を切らせ、前の主人に渡せ。三人の首を渡さない場合は、仕方がないので、その主人を成敗する。
右の條々を定め置かれた。

第一条では、奉公人が町人百姓として各町や各在所に入り込んでいることを調査し、そのような者を置いてはならない、とします。

第二条では、百姓が田畠を棄て、商いや賃仕事に出てはならない、とします。

第三条では、主人（武士）に暇を乞わず出奔した奉公人を、別の武士が抱えてはならない、とします。

同様の秀吉朱印状は、『小早川家文書』『立花家文書』にも残され、『島津家文書』には写しがあり、『加藤清正家蔵書』にも収録されています。この法令と「人掃令」を比べて読めば、基本的な内容がほとんど重複していることに気付きます。

二通の「人掃令」？

勝俣氏も、この「身分法令」を取り上げています。ところが、そこで、とんでもない解釈をしてしまいます。

その前提として、『吉川家文書』に残されている、「人掃令」を受けて出されたと推測される起請文前書案（『大日本古文書　吉川家文書之二』七四二号文書）を引用しておきましょう。種明かしになるので、現代語訳は注9に入れておきます。

【釈文】

敬白起請文事

一、今度唐入御陣付而、五ケ条之御置目　御朱印之通、聊（いささか）相背申間敷事、

一、侍・中間・小者・あらし子ニ至る迄、在所に年来居住之者之外、新儀ニ参候もの居住させ申間敷候、親子兄弟たりといふ共、武士奉公ニ出申者にハ一夜之宿をもかし申間敷事、

一、武士の奉公人、商売人諸職人ニあひ紛来る事可在之、其段念を入相改申、惣而慥かなる商売人諸職人たり共、新儀ニ来り候も、置申間敷事、

右之通、若相背もの於有之者、不移時日、親子兄弟ニよらす可申上候、若於相背者、梵天太尺（帝）四大天王、惣而日本国中大小神祇、殊氏神蒙御罰（おんばつをこうむり）、今生にてハ癩病を請、来世にてハ萬地獄ニ被墜、罪うかふ世有間敷候、仍起請又如件（くだんのごとし）、

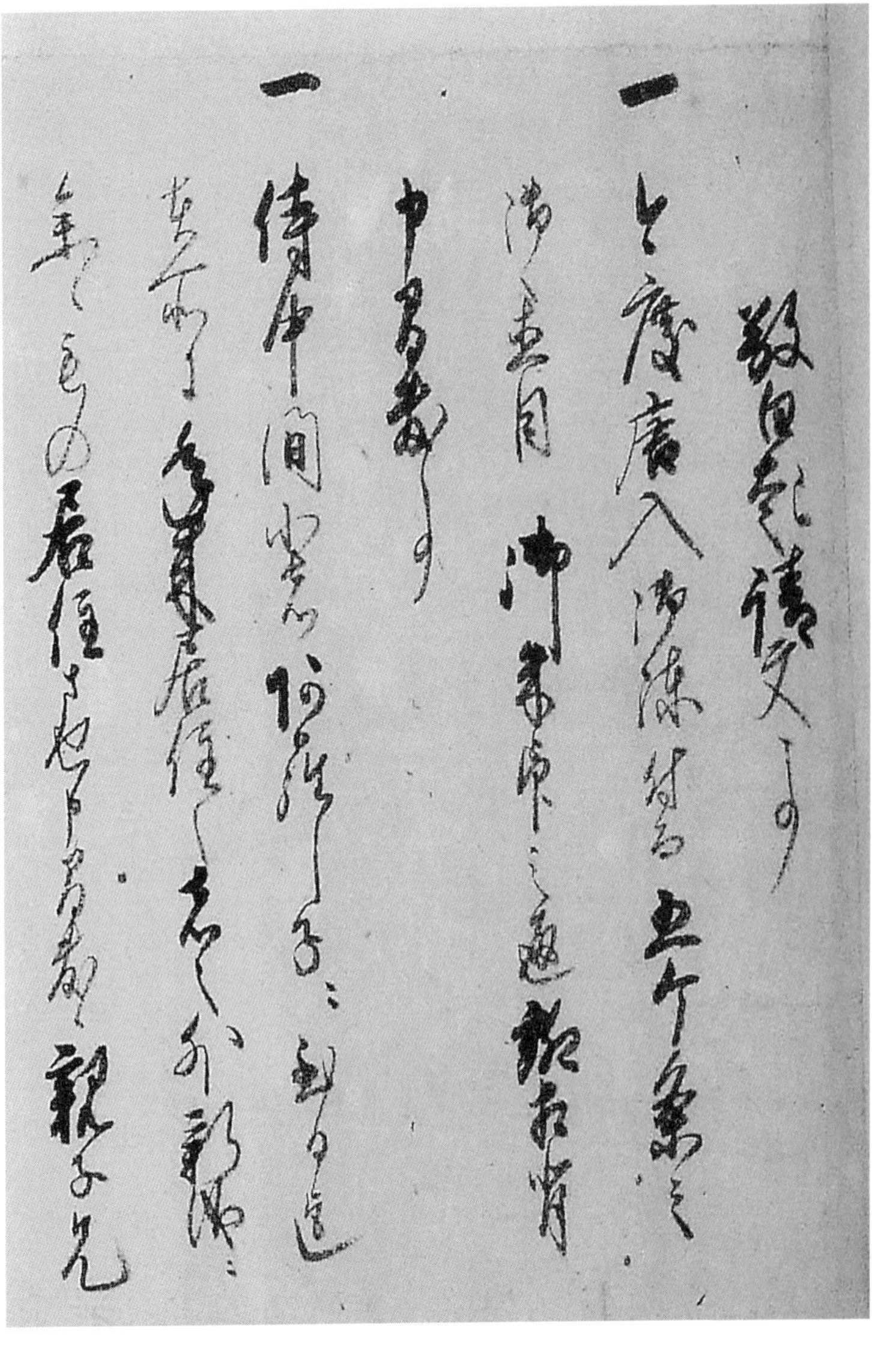

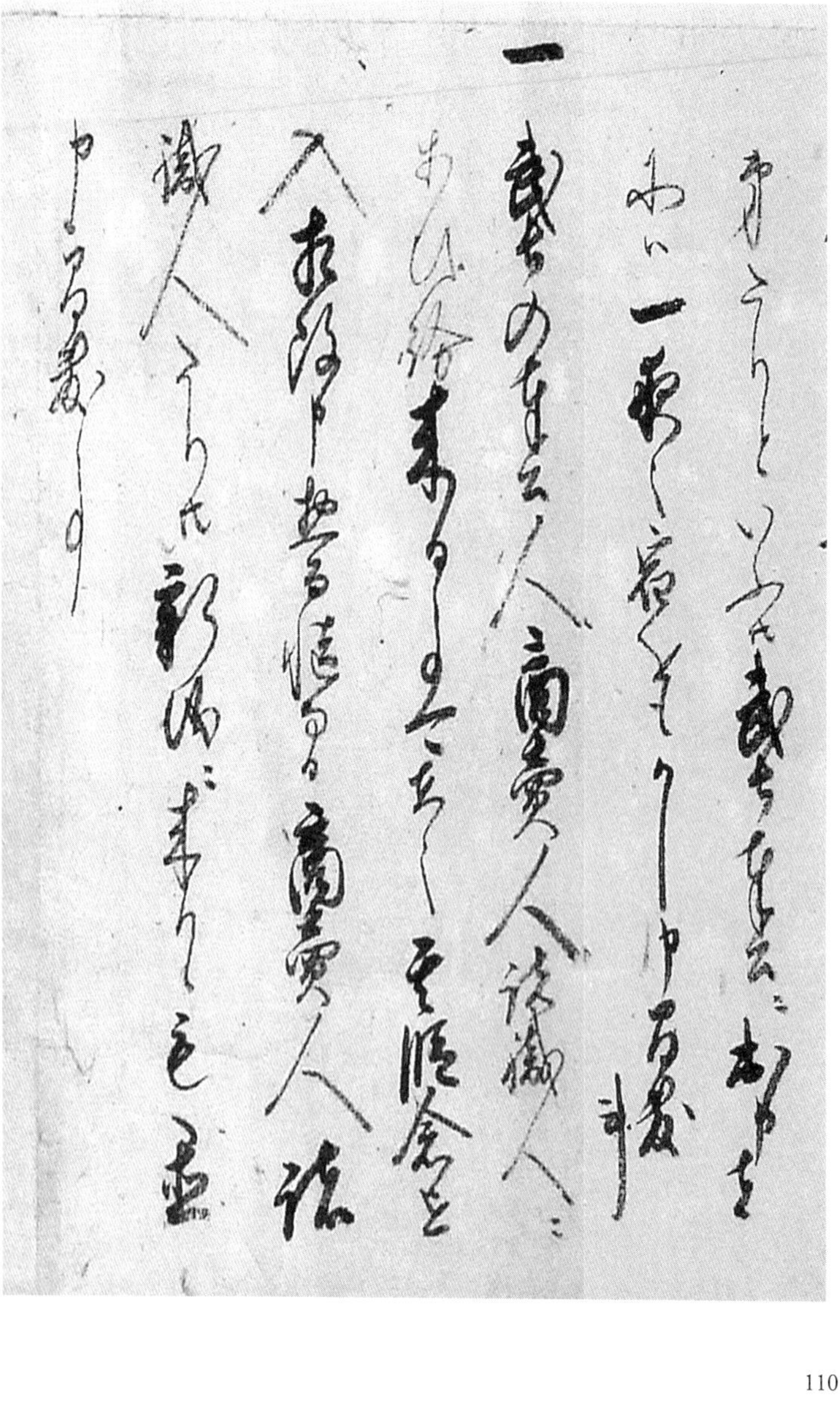

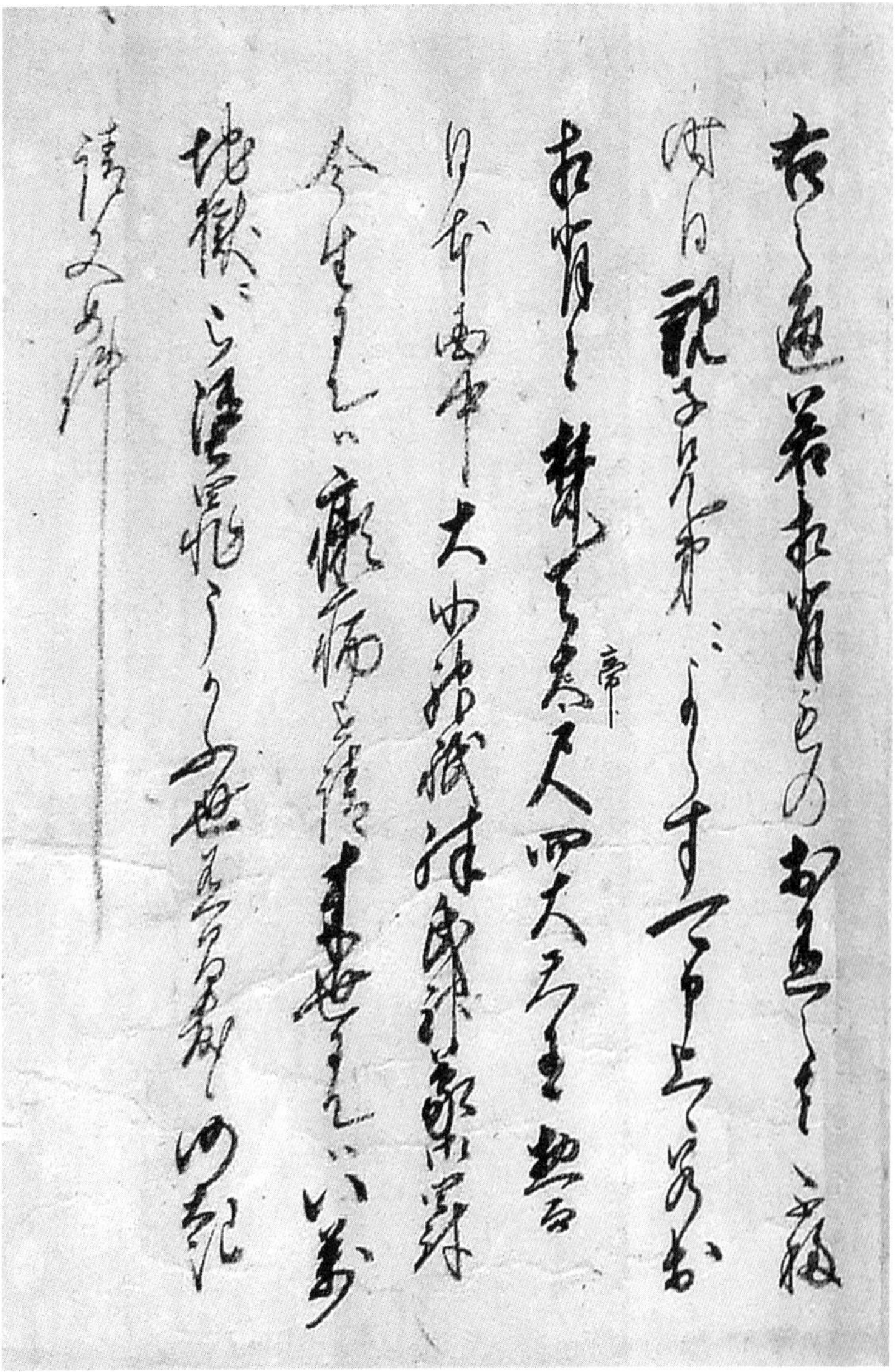

（吉川史料館所蔵）

勝俣氏は、この内の第一条の「五ヶ条之御置目」と「御朱印」が別のものを指している、と言うのです。

まさか、と言う人のために、勝俣氏の文章を引用しておきましょう。

五ヶ条之御置目と御朱印の文字の間は欠字となっており、伊達氏のケースと御朱印・五ヶ条之御置目の順序も逆になっている。両者は別の朱印状形式の法令であり、御朱印＝(C)、五ヶ条之御置目＝(B)であったのである。

しかし、欠字というのは関白秀次の発給文書である「御朱印」を尊重して一字空けるもので、語句の途中にも入り、前後の言葉を区切る意味はまったくありません。普通に考えれば両者は「五ヶ条之御置目を書いた御朱印」という一続きの言葉です。また、順序が逆でも意味は同じであり、勝俣氏のようにナカグロを入れて読むべきものではありません。

こういう問題があるので、勝俣氏の次のような勝利宣言は空振りに終わってしまいます。

以上、豊臣政権が発令した二通の人掃令を「発見」したが、その一通は、これまで「身分法令」・「身分統制令」などと称されてきた天正十九年八月廿一日付豊臣秀吉人掃令(C)であり、もう一通は、「欠落禁令」などと称されてきた天正廿年正月の豊臣秀次人掃令(B)であった。

＊9　敬白起請文事
一、今度唐入りの御陣について、五ヶ条之御置目を書いた御朱印状の内容に、いささかも背くことがあってはならない。
一、侍・中間・小者・あらし子に至るまで、その村へ長年居住している者以外は、新しく来た者を居住させてはならない。親子兄弟であっても、武士に奉公に出た者には、一夜でも宿を貸してはならない。
一、武士の奉公人で、商売人や諸職人に紛らわしい格好で来ることがあれば、念を入れて調べ、もし確かな商売人や諸職人であっても、新しく来た者は、置いてはならない。
右の通り、もし背く者がいれば、即座に、親子兄弟であっても報告せよ。もし、背く者は、(以下神文略)

勝俣氏への批判

せっかく重要な発見をしながら、一通だけでなく二通も「発見」しようとしたばかりに、勝俣氏の論文は次のように批判されることになります(久留島典子「「人掃令」ノート」永原慶二編『大名領国を歩く』吉川弘文館、一九九三年)。

ここで勝俣氏が言うように、「御朱印」と「五ヶ条之御置目」が別々のものを指しているとするなら、少なくともそのような確かな用例を提示すべきであろう。そうでなければ俄には同意し難い解釈である。

遠慮がちながら、これは当然の批判です。欠字があるからといって、「御朱印」と「五ヶ条之御置目」が別々のものを指しているはずはありません。勝俣氏は、「人掃令」を二通も「発見」する必要はなかったのです。これはただ一つ、具体的には秀次の「人掃令」を指しているというだけで十分だからです。

ところが、久留島氏は、秀次の「人掃令」に対しても疑問を呈します。

確かに史料Cは内容的に人掃令と称されたとしてもおかしくないかもしれない。しかしそれは可能性の問題というだけで、称されたとする確証ははたしてあるだろうか。

これは酷な言い方だと思います。勝俣氏にではなく、「人掃令」に対してのことですが。もともと、「人掃令と称された」文書というのはありません。あくまで、「当関白様」が「人掃之儀」を仰せ出された、ということがわかっているだけです。

先に述べたように、文禄二（一五九三）年正月日付け秀次朱印状に、「去年正月、以五箇条守被仰出旨」とありますから、天正二十（一五九二）年正月付けで五ヶ条の朱印状が出されたことは事実と認めなければなりません。そして、『吉川家文書』の中に、まさにその天正二十年正月日付けの秀次朱印状があり、『浅野家文書』にも同様の秀次朱印状があり、それ以外に該当する文書は見あたらないのですから、これが安国寺らの言う「人掃之儀」を命じた朱印状であることはほぼ確実です。

こう考える理由は、『吉川家文書』には、秀吉朱印状と秀次朱印状が、ともに整理され、大切に保存されてきているからです。その中で、基本法令とも目され、安国寺から厳しく実施するようにと言い送ってきた「人掃令」だけを廃棄してしまうことはありえません。もちろん、大切な文書だからと別置して、そちらの方が失われたと考えることもできないわけではないですが、実際に該当する文書があるのですから、別のどこかに「人掃令」があることを想定する必要はありません。

これは、第一講で見た刀狩令が、秀吉の朱印状を伝えている大名家文書にない場合は、そもそもその大名には渡されていなかった、とするのと同じ考え方です。不自然な残り方しかしていない大名家文書の場合は別ですが、『吉川家文書』や『浅野家文書』に該当する秀次朱印状があるのですから、ほかに「人掃令」を求めることはないでしょう。[*10]

*10 『島津家文書』には、「人掃令」原本はなく、写しのみが残っている。黒漆塗第二十二番箱の「御文書　義弘公一　十六通　巻十一」に収録される天正二十年正月付けの朱印状写し（架蔵番号一七―一二―一五）は、秀次のこの朱印状の写しである。「御朱印」としか書いていないため、『島津家文書目録』では誤って秀吉朱印状としている。朝鮮出兵に深く関わる法令であるため、島津氏の場合は出陣する予定の島津義弘に発給されたものと推測される。なぜ写ししか残っていないのかは不明である。

秀次朱印状の特徴

そもそも関白在任中の秀次朱印状は、年次推定可能分がわずか二三七通しかなく、朝鮮出兵の在陣見舞いが中心で、政治に関わるものは少ないと指摘されています。特に文禄二（一五九三）年以降は激減します（藤田、前掲書）。

これは、残っていないのではなく、秀次が政治に関わる文書をそれほど発給しなかったということだと思います。その少ない中で、天正二十（一五九二）年正月付けの朱印状が三通も残っていること、さらにそれに関連する文書がここで見てきたように何点もあることは、関白になりたての秀次が、当初は全国政治について積極的な姿勢を示していたことを窺わせます。

三鬼氏は、「人掃令」の分析から、次のような歴史像を抽出しようとしました。

いずれにせよ、これによって豊臣政権は、名実ともに全国の土地・人民を一体化して把握することに成功したのであり、その中枢的機能を果たしたのは、内部において国制的原理に基づいた関白＝秀次政権であったことは言うまでもない。

しかし、本当に「関白＝秀次政権」が「中枢的機能」を果たしたということが、「言うまでもない」ことなのでしょうか。

秀次が秀吉から関白を譲られたのが天正十九年十二月です。天正二十年正月日付け秀次朱印状（「人掃令」）は、第3章で述べるように、秀吉のいわゆる「身分法令」を補足するものでしかありません。永禄十一年（一五六八）年生まれで当時数えで二十五歳の秀次には、自分の発想で新しい枠組みの法令を出すことは政治的にも能力的にも不可能だったと思います。

おそらく、秀次は、関白になり、朝鮮出兵に専念しようとする秀吉の朱印状を補足する役割を担わされたのでしょう。当然、それは秀吉権力と対立するものではなく、むしろ秀吉の後ろ楯があって初めて可能になるものだったと思われます。[*11] 文禄二（一五九三）年八月三日、秀吉に次男お拾（後の秀頼）が生れてから、秀次に政治的な関わりを持つ文書の発給がなくなるのも、秀吉の後ろ盾がなくなったからだと考えられます。

＊11　跡部信氏は、この時期の秀吉と秀次の関係について、「じつは自分の権限を徐々に移譲しつつ秀次の権力基盤をととのえてやろうとした秀吉の主体的な施策ととらえなおすことができるのではないか」と問題提起している（「豊臣政権の代替わり」『大阪城天守閣紀要』第二八号、二〇〇〇年）。私も同様に考える。

第3章

秀吉「身分法令」の本質

「身分法令」の歴史的評価

本章では、秀吉の「身分法令」について考えていきます。

天正十九（一五九一）年八月二十一日付けで出された秀吉のこの法令については、「奉公人、侍・中間・小者・あらしこに至るまで」の文言における「侍」が、中間・小者・あらしことならぶ「奉公人」であり、武士一般ではないことを確定した高木昭作氏の「所謂「身分法令」と「一季居」禁令——「侍」は「武士」ではない——」（『日本近世史論叢』上巻、吉川弘文館、一九八四年）という有名な論文があります。

この論文は、以下のような筋道で展開されています。

①いわゆる「身分法令」の「奉公人」には、「侍」「中間」等が含まれる。

②いわゆる「身分法令」は、江戸幕府下で出された「一季居の禁令」と類似の法令であり、「一季居の禁令」とは、「一季の牢人」を禁じたものである。

③「侍」とは「若党」のことである。「若党」は戦闘員（武士身分）であり、道具を持たないという身分的資格を持つ。

④いわゆる「身分法令」は、唐入りを控えて出された時限立法だった。

少しわかりにくいかもしれませんが、高木氏の論文の結論は、「侍」は若党であって武士一般ではないこと、いわゆる「身分法令」は時限立法であったこと、の二点で、これを実証したことによって、高校教科書の、たとえば「一五九一年には身分統制令を出し、武士が町人や農民になることを禁じ、農民が商人になったり日傭取りに出ることを禁じ、士農工商の身分を固定することにつとめた」（山川出版社『詳説日本史』）などの記述が誤りであることを指摘したのです。

確かに、「侍」が武士一般を指すのでなければ、「武士が町人や農民になることを禁じ」というのは誤りですし、時限立法だとすれば、「士農工商の身分を固定することにつとめた」ことも誤りだと言えます。

高木氏の論文は、史料の個々の用語を他の史料と重ね合わせ、確定していくことによって、その史料の新しい解釈を提示するもので、安易に「体制の基礎に関わる史料として」位置づけない厳密な姿勢を堅持する論文です。

「身分法令」は時限立法か?

しかし、論文中に若干の飛躍がある部分もあります。それは、この論文の根幹をなす「時限立法」であることを論証する部分です。

高木氏は、天正二十(一五九二)年正月付けの秀次朱印状、つまり「人掃令」を引用して次のように述べます。

前掲の請書と合わせると、この条目は所謂「身分法令」の奉公人に関する部分と内容的に殆ど一致する。したがって、前年の暮に就任して早々の秀次が、新関白の名に於いて前年の秀吉の法令の趣旨を確認したのがこの条目であると考えられる。ところがここでは「唐入に就て御在陣中」と限定が付されている。この限定は請書を見れば明白なように五カ条全てにかかっており、条目全体が時限立法であったことは明白である。

この文章の前半部分は、ここまで私が書いてきたこととほぼ同じであり、正当な指摘であると思います。また、後半部分も、確かに「唐入に就て御在陣中」とありますから、唐入り在陣中限定の法令とみなせないわけではありません。しかし、これに続く次のような文章はどうでしょうか。

このことは所謂「身分法令」もまた、時限立法であったことを示しているのではあるまいか。もし所謂「身分法令」が、それを永続的に施行する意図の下に発布されたとすれば、その数カ月後に秀次が「唐入に就て御在陣中」と限定するいわれはないからである。秀吉は、一月足らずの後に予定していた「唐入」の動員令発動を念頭に、この法令を制定した、と考えるのが妥当であろう。

確かにこのように言えないわけではありません。しかし、秀次が「唐入に就て御在陣中」と限定したとしても、秀吉に永続的に施行する意図がなかったとは言えないのではないでしょうか。また、秀次が限定したと指摘されていますが、限定したのではなく、唐入という大事業を前に、特にそれを強調してこの命令を完遂しようとした、と考えることもできます。つまり、限定というより、特殊な時期であることによる強調、ということです。

◎天正十四年にも出されていた「身分法令」

そして、「身分法令」は、高木氏が言うように、「一月足らずの後に予定していた「唐入」の動員令発動を念頭に、この法令を制定した」と考えるより、秀吉の基本方針だったと考えた方がいいと思います。これと同様の法令が、はるかに以前から、外ならぬ秀吉自身によって出されているからです。

たとえば、次の「定」です。似たような文言なので、現代語訳は省きます。

【釈文】

定

一、諸奉公人、侍事不及申、中間・小者・あらし子に至迄、其主に暇を不乞出事、曲事に候間、相抱へからす、但前之主に相届、慥ニ合点有之者、不及是非事、

一、百姓其在所ニ有之田畠あらすへからす、其給人其在所へ相越、百姓と令相対、検見を遂、其毛ミと升つきをして、有米三分一百姓ニ遣之、三分二未進なく給人可

取事、
（以下九ヶ条省略）

天正十四年正月十九日

署名などは書かれていませんが、秀吉朱印状であることは容易に推測できます。

これは、『豊鑑』を執筆した竹中重門が書き留めたと見られる『竹中氏雑留書』に収録された写しです。この留書には、刀狩令や海賊禁令の写しも収録されています。『竹中氏雑留書』は、ほぼ同時代に生きた武士が、秀吉の基本法令（触書）を収録した法度集であるということから、貴重な情報を伝えているのです。この文書に続き、次の「条々」が収録されています。

条々

一、知行方法度之儀……（以下省略）

一、土免こひ候百姓……（以下省略）

一、他郷へ罷越百姓あらハ、其身之事ハ不及申、相抱候地下人共可為曲言事、

天正十四年三月廿一日

これらを見ると、侍・中間・小者・あらし子らの「諸奉公人」が、その主人に暇を乞わずに出奔することを禁止し、さらにそのような者を新しく抱えることを禁じたもので、まさに「身分法令」に先行する「身分法令」であることがわかります。

似たような文言を持つ秀吉朱印状として、高木氏自身も以下の三点の史料を引用しています。

①天正十四年正月十九日「御法度条々、御朱印之写」（宮川満『太閤検地論』第Ⅲ部）

②天正十八年八月日宇都宮国綱充「条々」（『栃木県史』史料編中世一）

③慶長三年正月十日上杉景勝充朱印状（『上杉家文書』八六三）

このうち、①は、『竹中氏雑留書』に収録されたものと同じ秀吉朱印状の写しです。

秀吉が、一貫して「諸奉公人、侍事不及申、中間・小者・あらし子に至迄、其主に暇を不乞出事」を禁じていることは明白です。

◎百姓をいかにして土地に縛りつけるか

秀吉が一貫して命じているのは、身分を固定しようというより、武士に抱えられた奉公人の出奔禁令、および百姓の移動の禁令です。後者は、これまで百姓の土地緊縛令とされてきたものです。

この両者は、メダルの表と裏の関係にあります。百姓をその土地に縛りつけておかなければ、田畠が荒れ、年貢が取れません。また、百姓を陣夫として動員すること、すなわち「奉公人」にすることができません。ようやく「奉公人」として動員しても、主人の武士に断りもなく出奔するようでは、武士は戦場に出られません。そのため、出奔した「諸奉公人」を受け入れる武士や在地があってはいけなかったのです。

この天正十四（一五八六）年正月および三月に命じられたことが、天正十八年八月の奥州攻めの際に再び命じられ（高木氏が引用した②）、さらに天正十九年八月二十一日のいわゆる「身分法令」、天正二十年正月の秀次「人掃令」につながっていくのです。

高木氏の言うように、いわゆる「身分法令」は、確かに身分を固定しようとする意図を持ったものではないのですが、秀吉が、一貫して百姓の移動禁止、および戦争に動員された百姓身分の者（「諸奉公人」）の出奔禁止を命じていたことは確かです。それは、当然に朝鮮出兵という大戦争を控えた豊臣政権としては、より厳格に守らせなければならないことですから、天正十九年八月、同二十年正月と重ねて命じたのでしょう。「時限立法」ではなく、すでに何度も命じてきたことを、未曾有の戦争を控えた豊臣政権が改めて強調して命じたもの、と理解すべきだと考えられます。

第4章 「人掃令」をめぐる論争の意義

学界における多様な評価

これまで述べてきた「身分法令」および「人掃令」については、三鬼氏と高木氏の論文をめぐって勝俣氏が新見解を発表し、それに対して久留島氏が批判する、という形で論争が行われています。

単純化して述べると、まず三鬼氏が「人掃令」が天正二十（一五九二）年に出された秀次の法令であることを確定し、高木氏が「身分法令」と「人掃令」を一連のものと位置づけ、朝鮮出兵における陣夫動員のための時限立法であることを論じました。

これに対して勝俣氏は、秀吉の「身分法令」も秀次の「人掃令」も人掃令であり、これらは家数人数帳の徴収を命じているため、時限立法ではなく、「新しい日本国家形成とかかわる豊臣政権の国家構想を体現するもの」としました。そして、その家数人数帳の徴収を高く評価し、「人間の労働力を対象にした役の基準を、百姓・町人などの身分編成をとおして実現しようとした、「国民」の掌握を目的とした、豊臣政権の国家政策」と位置づけました。

久留島氏は、勝俣氏の論文を、「豊臣政権の性格づけや、さらには中世から近世への移行論にまで影響を与えうるスケールの大きい論考」と評価しながら、勝俣氏が発見した二通の「人掃令」の両方に疑問を呈します。家数人数帳の具体例とされる厳島社領の「家人数付立」は豊臣政権が求めたものではなく、「毛利領国の独自の問題」であるとし、天正二十年二月の京都高倉通天守町指出などを紹介しながら、これらが都市的な場には一様に命じられたこと、「陣夫確保のための欠落禁令という、非常事態に応じて発せられた法令という性格を強く持っていた」ことを指摘しています。[*12] そして、毛利家の特殊事情として、豊臣政権の施策を後ろ盾に領国支配を強力に進めようとする意図があったのではないか、と推測しています。

この論争によって、秀次の「人掃令」が実際に施行され、各地で家数・人数の調査が進められたことが明らかになりました。外から賦課される役負担を調節するため、近江の惣村ではすでに村の家と人を掌握していたという戦国時代史研究の成果は、「人掃令」を考える上でも貴重な素材となります。秀吉や秀次は、そうした調査を全国的に命じることによって、百姓の土地緊縛と奉公人の逃亡禁止を確実なものにしようと考えたのでしょう。

*12 久留島氏は、陣夫役の確保という必要性を重視し、「「国民」の掌握を国家目的とした国家政策」が、それに先行して存在したことに疑問を呈している。この見解は妥当なものである。ただし、「身分法令」について「高木昭作氏の時限立法説を確認したにすぎない」とするのは、それまでの秀吉の関連法令を考えると問題がある。

秀吉による秀次政権の強化

結論をまとめてみましょう。

秀次が発令した「人掃令」とは、天正二十(一五九二)年正月付け秀次朱印状のことです。ただし、「人掃令」というネーミングは正しいものではなく、あくまで秀次朱印状を受けた安国寺らが、「当関白様」から「人掃之儀」を命じられた、と伝えたにすぎません。

これは、秀次独自の政策というより、天正十四年以来秀吉が命じてきた百姓の土地緊縛令、および奉公人の出奔禁令の延長線上にあり、特に天正十九年八月二十一日付け秀吉朱印状、いわゆる「身分法令」と密接な関係がありました。
いわゆる「人掃令」である秀次朱印状には、家数人数の調査を行え、ということは書いてありません。しかし、秀吉の「身分法令」を前提とすれば、そうした調査を行わなければ、秀次の命令は貫徹しません。また、秀次は、朱印状のほかに、「地下究之起請案文」を渡したほか、次の「口上之覚」(『広島県史　古代中世資料編Ⅲ』巻子本厳島文書八八号)も渡していたようです。

【釈文】

口上之覚

一、在々村々より、奉公人、侍・小者いか程相立、残人数いか程有之由、帳を作り可出之旨、可申渡事、并船人有之所へ、右可為同前候事、
一、在々田畠不荒様ニ念を入可申渡事、
一、御陣御留守中、国中在々にて諸事猥儀(みだりのぎ)無出来様ニ、念を入可申付之由、堅可申渡事、
以上
厳島領家数人数付立之事、

これによって、秀次朱印状を受け取った者は、何を要求されていたかがわかったはずです。久留島氏は、この文書が、「正式の文書というよりは、まさに「覚」、メモのようなものと考えられ、性格の判然としない文書」とし、この内容が「それこそ口頭で伝えられた」と推測しています。私は原本を見ていないので何とも言えませんが、こうした文書がよく見られることは確かで、本来口頭で伝えればよい内容を書き付けて渡すものです。ただしその場合、日付や署名まで書かれるのが一般的なので、この文書は秀次の奉行人が作成して渡したものを、見せられた者が書き取り、さらに最後の一行を書き加えたものかもしれません。

秀次が秀吉の「身分法令」を前提として「人掃令」を出したという考え方は、秀次政権が「国制的原理」を体現しているという三鬼氏の説の批判となります。関白になったばかりの秀次は、秀吉の発した法令を、自らの名前で発することによって自らの権力基盤を固めようとした、ということです。これは、関白秀次でなければ「国制的原理」に基づく法令が出せないということではなく、秀次に関白を譲った以上、秀次政権を強化しなければならない、と考えた秀吉の後ろ盾があって初めて可能なことだったということです。

そもそも現代人ではないのですから、封建的原理と国制的原理を峻別してとらえるという観念が、秀吉や秀次にあったでしょうか。この時点で秀吉と秀次は対立しているわけではなく、国内における秀次政権の確立は、朝鮮出兵を行おうとしている秀吉の利益でもあったのですから、重ねて似たような法令を秀次が出すことを促した面があるはずです。

しかし、秀頼が生まれてからは、秀吉と秀次の間に懸隔が生じます。秀吉が秀頼に政権を譲ろうと考え始めると、秀次政権の強化よりも、秀次政権の権限の限定が課題となります。「人掃令」を除いて秀次朱印状に、政権の根幹をなすような法令がほとんど見られないのはこのためでしょう。

「人掃令」も「身分法令」も時限立法ではない

そして、「人掃令」と「身分法令」をそれ以前の秀吉の法令との関連で考えた時、これが時限立法であるという言い方は、あまり適切な評価ではないと考えます。

確かに、朝鮮出兵を控えた豊臣政権は、「身分法令」や「人掃令」のような法令を出して陣夫役を確保する必要がありましたが、それまでも日常的に戦争体制をとっていた豊臣政権にとって、そのような指示は恒常的に必要であり、百姓の土地緊縛令や奉公人の逃亡禁止令という形で発令していたわけです。したがって、「身分法令」は、それらの集大成として位置づけるべきで、この時点で初めて出された時限立法ではない、と言えます。

ただし、だからと言って、勝俣氏のように、「国民」の掌握を国家目的としようとしたとは考えていません。秀吉や秀次は、あくまで百姓は村にいるもの、そして村から徴発されて奉公人になった者は、その主人の許可なく出奔してはならないもの、と一貫して考えていた、ということだと思います。

第一講で述べたように、最初の刀狩令は、天正十三（一五八五）年三月に出ています。「身分法令」の原型である武家奉公人の出奔禁令と百姓の土地緊縛令も翌年正月には出ます。大陸出兵の構想についても、天正十三年九月三日付け加藤光泰宛て秀吉朱印状にはっきりと書かれています（岩澤愿彦「秀吉の唐入りに関する文書」『日本歴史』第一六三号、一九六二年）。

秀吉が関白になるのは天正十三年七月、豊臣姓を名のるのが翌年十二月ですから、これらの基本方針は、いまだ羽柴政権の段階から命じられているのです。秀吉の権力が、関白などの官位ではなく、秀吉が戦いの中で勝ち取りつつあった天下人としての実力によるものだということがわかると思います。

第三講　バテレン追放令

第1章 バテレン追放令の解釈

朱印を欠くバテレン追放令

天正十五（一五八七）年六月、九州を制圧した秀吉は、博多でバテレン追放令[*1]を出しました。このバテレン追放令は有名な法令でありながら、原本が残っていません。

教科書や史料集などでよく目にするバテレン追放令は、松浦史料博物館所蔵のもので、大高檀紙に堂々とした字で書かれた、他の秀吉朱印状とまったく同じ印象を受ける文書です。しかし、この文書には秀吉の朱印がなく、案文（控え）だと考えられています。

まず、この文書の釈文を掲げておきましょう（現代語訳は後述）。

【釈文】

定

一、日本ハ神国たる處、きりしたん国より邪法を授候儀、太以(はなはだもって)不可然候事、

一、其国郡之者を近付、門徒になし、神社仏閣を打破之由、前代未聞候、国郡在所知行等、給人に被下候儀者、当座之事候、天下よりの御法度を相守、諸事可得其意處、下々として猥義曲事事、

一、伴天連其知恵之法を以、心さし次第ニ檀那を持候と被思召候へハ、如右日域之仏法を相破事、曲事候条、伴天連儀日本之地ニハおかせられ間敷候間、今日より廿日之間ニ用意仕、可帰国候、其中に下々伴天連に不謂族申懸もの在之ハ、曲事たるへき事、

一、黒船之儀ハ、商売之事候間、各別候之条、年月を経諸事売買いたすへき事、

一、自今以後、仏法のさまたけを不成輩ハ、商人之儀ハ不及申、いつれにてもきりしたん国より往還くるしからす候条、可成其意事、

已上

天正十五年六月十九日

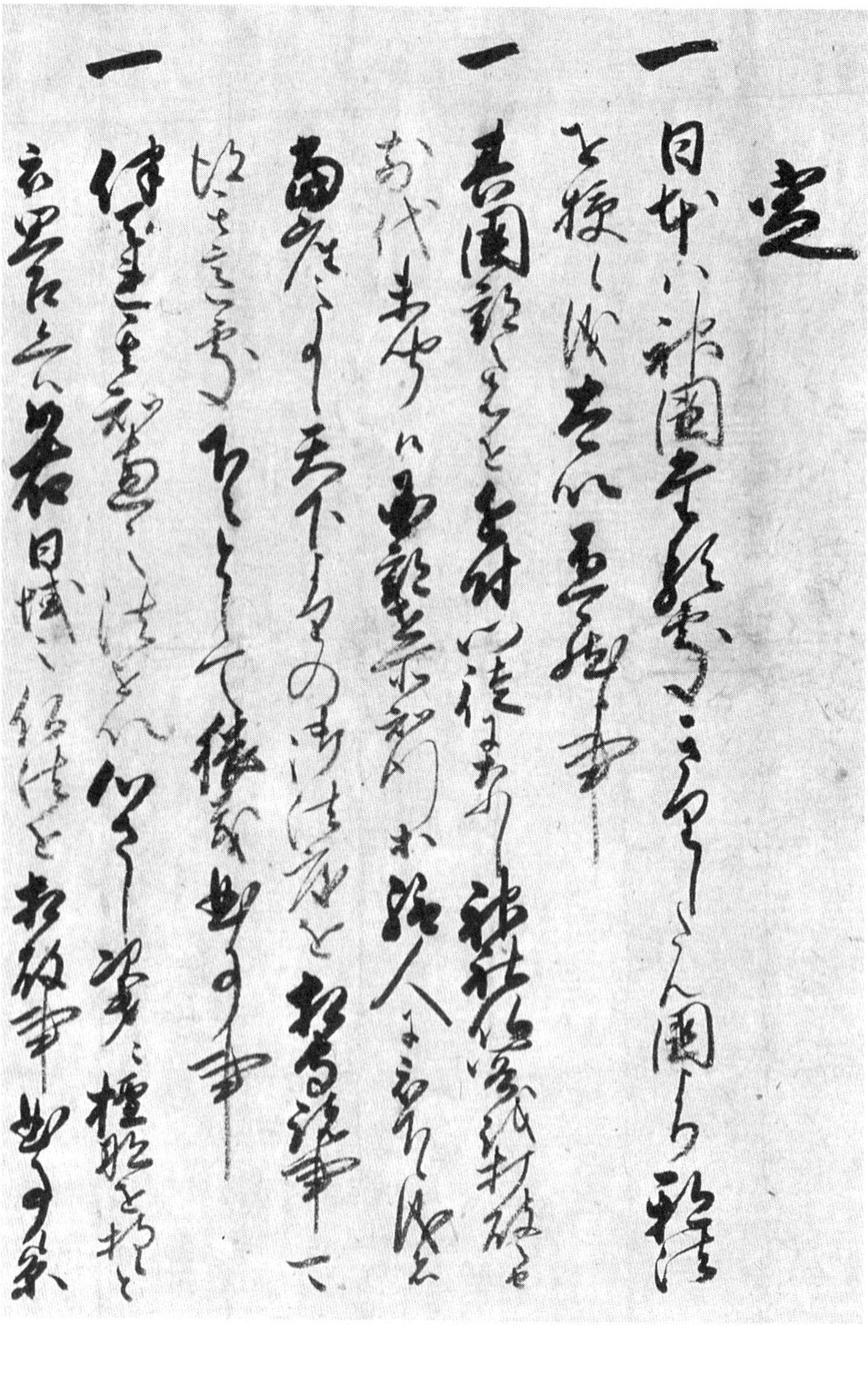
定
一 日本ハ神国たる処きりしたん国より邪法
を授候儀太以不可然候事
一 其国郡之者を近付門徒になし神社仏閣を打破之由
前代未聞候国郡在所知行等給人に被下候儀者
当座之事候天下よりの御法度を相守諸事可得
其意処下々として猥義曲事事
一 伴天連其知恵之法を以心さし次第ニ檀那を持候と
被思召候ヘハ如右日域之仏法を相破事曲事候条

バテレン追放令

ばてれん宗門之儀、日域におゐては御制禁たるへき事

一 黒船の儀ハ商買の事に候之間格別の事に候条、年月を経諸事売買いたすへき事

一 自今以後佛法のさまたけを不成輩ハ、商人之儀ハ不及申、いつれにてもきりしたん国より往還くるしからさる事

天正十五年六月十九日

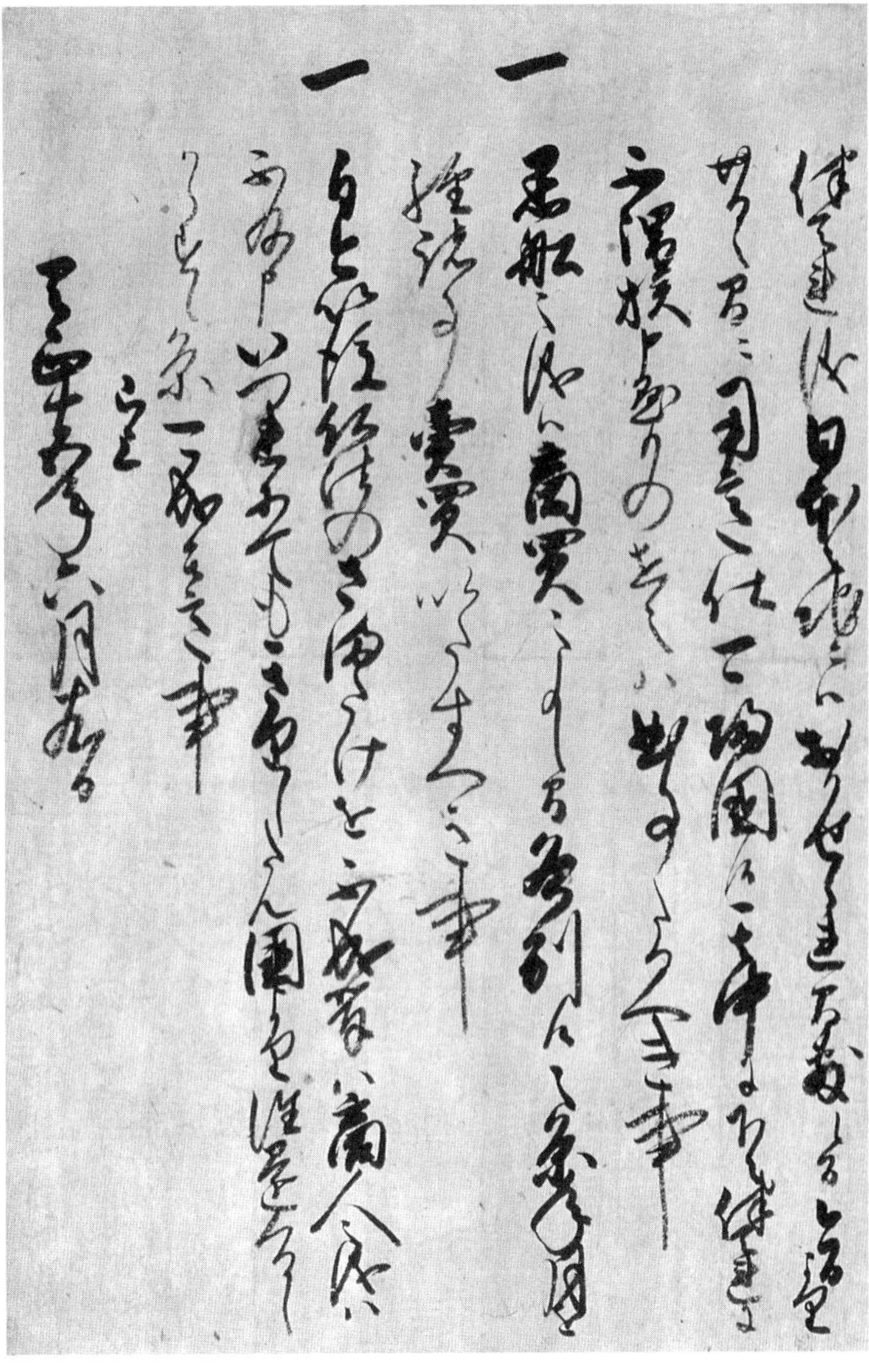

（松浦史料博物館所蔵）

「定」で始まる五ヶ条の法令で、宛名はありません。この宛名がないというのは、ほとんどの刀狩令でもそうでしたから、不思議ではありません。しかし、それぞれ特定の者に渡されたことは確かです。

＊1 「バテレン」は、漢字で「伴天連」とも書く。ポルトガル語の「パードレ」がなまった言葉で、ローマ教会の職階では「司祭」である。現代の日本語訳なら「宣教師」とすればよいが、当時は「バテレン」を、「宣教師」のほか、単に「キリスト教信者」という意味でも使っている。本書では、基本的にカタカナで「バテレン」とする。

バテレン追放令を正しく理解する

その前に、まず現代語訳をしてみましょう。バテレン追放令は、難解だとされているので、必要に応じてこれまでの解釈も紹介していきます。

第一条は、比較的簡単です。次のように訳してみました。

日本は神国であるのに、キリシタン国から邪法を授けることは、決してあってはならないことである。

「太以不可然候事」は、わかりやすく言えば「たいへんよくないことだ」ということですが、それではあまりに格調が低いので、このように訳しました。「あってはならない」という言い回しを使うと、「太以」を「たいへん」とは訳せないので、強調するために「決して」という言葉を使います。このような言葉の言い換えも、こなれた現代語訳にするためには必要です。

第二条は、最初の文章の主語が問題ですが、これはバテレンと考えていいでしょう。「打破之由」と読んだところは、「打破らせ」と読む説もあります。確かに、字は「らせ」とも「之由」とも読めます。「らせ」と読めば打ち破っている主体はキリシタンとなった領主ということになり、「之由」と読むとバテレンたちが打ち破っているということになる、とされています。

しかし、「らせ」だと文章のつながりに問題が出てきますし、字も最後の筆の動きを見

ると「之由」と読んだほうがいいと思います。「之由」と読み、「破壊しているということ（を聞いた、それは）前代未聞だ」と素直に解釈すべきでしょう。「前代未聞」というのは、ここでは強い非難を込めていますので、「とんでもないこと」という言葉を補ってみました。通して訳すと次のようになります。

自分が住む国郡の者を近づけ、キリシタンの信者とし、神社仏閣を破壊しているということを聞いた。それは前代未聞のとんでもないことである。国郡在所知行等を給人に下されているのは、当座のことである。天下からの御法度を守り、すべてのことについて許可を得るべきなのに、下々の分際で勝手なことをするのは道理に合わないことだ。

民衆をキリシタンの信者としているのは、言うまでもなくバテレンです。誰が打ち破っているか、と言えば、事実としてはキリシタンに感化された領主ですが、この文章はそれを意識して書いたものではありません。秀吉は、神社仏閣が破壊されていることを聞いただけであって、バテレンが打ち破っているか、キリシタン領主が打ち破っているかは判断できないことであり、どちらでも同様に「前代未聞」のことなのです。

次に、難解とされてきた第三条です。

まず、バテレン追放令をさまざまな角度から分析した安野眞幸氏の解釈を見てみましょう（『バテレン追放令――16世紀の日欧対決――』日本エディタースクール出版部、一九八九年）。

第三条の文意は、〈バテレンが自由に檀那を持つことを（すなわち、自由な布教活動を）容認すると、檀那となったキリシタン大名が領内の神社仏閣を破壊することになるので、「伴天連儀　日本之地ニハおかせられ間敷候」〉ということであろう。「被思召候へハ」のところは、「もし天下の君が……を善しとするならば」の意で、関白秀吉の側がバテレンに対して、「自由に檀那を持つことを承認するなら……」「自由な布教活動を許可するなら……」ということで、秀吉自身のバテレンに関する〈自問自答〉を表現したものと理解することができよう。

ずいぶんわかりにくい文章です。私には原文の方がよほどわかりやすく思えます。とりわけ、「秀吉自身のバテレンに関する〈自問自答〉を表現したもの」という解釈は、苦しいものです。

清水紘一氏は、次のように書いています（『織豊政権とキリシタン――日欧交渉の起源と展開――』岩田書院、二〇〇一年）。

3条は、難解とされる条文である。前文の「被思召」の主語を天下人秀吉とするか、伴天連とするかにより文意が相違するためである。フロイスは「被思召」の主語を「天下人 o senhor da Tenca」と解釈し、同文を「もし天下人が、キリシタンの意向と意図に従って、司祭たちがその宗派について、先に述べた通りのことを行なうを良しとすれば、それは日本の法を破ることになる」と翻訳している。小論では右の解釈に従う。

つまり、「被思召」の主語が、秀吉なのかバテレンなのかが判然としない、というのです。しかし、秀吉の朱印状案文で、敬語が使われるとすれば秀吉と解すのが自然で、追放を命じるバテレンのはずがありません。清水氏の解釈も、その後の文章で「自敬・自照（自己省察）の表現そのもの」と言っているところを見れば安野氏とあまり変わらないようです。

参考のため、フロイスのポルトガル語訳（からの日本語翻訳）を紹介しておきましょう（松田毅一監訳『十六・七世紀イエズス会日本報告集』第Ⅲ期第七巻、同朋舎出版、一九九四年)。

第三に、もし天下人が、キリシタンの意向と意図に従って、司祭(バテレン)たちがその宗派について、先に述べた通りのことを行なうのを良しとすれば、それは日本の法を破ることになる。これははなはだ不正なことであるから、司祭(バテレン)たちを日本の地に留めないことに決定した。従って本日より二十日以内に自分の荷物をまとめて、各自の国に帰るべし。もしこの期間中に、彼らに害をなす者があれば、これを罰する。

なぜ天下人が、「キリシタンの意向と意図に従」わなければならないのでしょうか。この文章を見ると、フロイスも朱印状の意図を解釈するのに苦しんだようです。

安野氏や清水氏の文章には全文訳がないので、解説の文章を読んでも、第三条の意味が見えてきません。難解だと思うのなら、自分の訳を掲げたらよいのにと思います。

こうした研究状況のなかで、堀新氏は全文訳を試みています(「バテレン追放令」藤田覚編『史料を読み解く3 近世の政治と外交』山川出版社、二〇〇八年)。これが最新の訳なので、引用しておきましょう。

バテレンがその知恵の法によって、思うままにキリシタンをふやしていると、秀吉はお考えになっているので、右のように日本国内で仏教を圧迫することはけしからぬことであり、バテレンを日本の地におくことはできない。そのため、今日から二〇日以内に準備して、バテレンは、本国へ帰国せよ。その間に、下々の者でバテレンに不法を申しかける者がいたならば、それはけしからぬことである（ので処罰する）。

だいぶわかりわすい訳になっています。しかし、「心ざし次第に」の意味と主体、「被思召候へハ」という部分の訳し方に問題があります。

なお、「知恵」とは、本来、仏教の言葉で、「一切の事象や道理に対して的確な判断を下し、心中の惑いを絶つはたらき」（『日本国語大辞典』）を意味します。そのため、「知恵の法」とは、本来は仏教の教義ということになりますが、ここでは主体がキリシタンなので、「キリシタンの教義」ということになります。以上を前提に、言葉を補って訳すと次のようになります。

バテレンが、その教義をもって人々の考えを教化することによって信者を獲得していると思っていたのに、それに反して実際は右（第二条）のように日本の仏法を破壊しているとはとんでもないことで、これではバテレンを日本に地に置いておくことはならないので、今日から二十日の間に準備し、帰国せよ。その期間に、下々の者でバテレンに謂われのないことを申し懸ける者がいれば、処罰する。

つまり、秀吉は、バテレンたちが教えによって信者を増やしている、つまりキリシタンの信仰は個々人の「心ざし」の問題だと思っていたのですが、神社仏閣を破壊するという暴力的な行為を行っていることを知り（この解釈は、第二条で「之由」と読まないと出てきません）、バテレンを日本に置いてはおけない、と考えたのです。

なぜなら、秀吉の頭の中では、日本全国すべての領地は秀吉のもので、知行は今の領主に一時期預けているにすぎず、その領主は替わることもあるわけです。それなのに、その当座の領主が神社仏閣を破壊したのでは、次の領主が迷惑します。バテレンが、布教によって人々を信者にすることは許しているのですが、領主が領国をキリシタン王国化することは許せないことだったのです。

第四条は、以下の通りです。

黒船は、商売のために来航しているのだから、別であって、これからも長年諸事売買をするように。

秀吉は、バテレンの追放は命じましたが、貿易はこれまで通り続けるよう指示したのです。あくまで、布教のやり方が問題だ、ということだったのでしょう。

第五条は、第四条をさらに補足する内容です。

これ以後、仏法の妨げをしない者は、商人は言うにおよばず、誰であってもキリシタン国から往来することはかまわないので、そう考えよ。

この条項によって、この朱印状を渡すべき相手がはっきりとわかります。「可成其意事（そう考えよ）」とされた対象は、キリシタン国の者たちだったのです。

秀吉は、この時点でキリスト教を禁じたわけではなく、南蛮船との貿易は振興するつもりだったことがわかります。そのため、この法令は、これまでバテレン追放令と呼ばれてきたのです。

この朱印状原本は、キリシタン国の者に渡されるべきものですから、日本国内に原本が残されていないのは当然のことです。松浦史料博物館に残された文書も、正本ではなく、当然のことながら朱印もありません。

しかし、朱印がないだけで、まったく秀吉朱印状と変わらないことには留意する必要があります。おそらく松浦氏は、豊臣政権から朱印のない案文を渡されていたと考えられます。

それでは、なぜ松浦氏は、秀吉朱印状の案文を渡されたのでしょうか。それについては、次章で考察していきましょう。

第2章

バテレン追放令の伝達

イエズス会の史料からみえる発布の事情

秀吉の朱印状の作成意図や伝達方法は、わからないことがほとんどです。研究者は、残された朱印状のみを対象とし、それを読み込むことによって、事情を推測します。しかし、バテレン追放令については、これがバテレンたちに渡されたため、イエズス会の史料に詳しく書き留められています。このため、珍しく発布の事情や伝達のされ方がわかるのです。

もちろん、イエズス会側の史料ですから、会の自己弁護もあるでしょうし、イエズス会独特の穿った解釈もあるでしょう。間違った推測もあるかもしれません。しかし、同時代の人間が書いた記録という意味では、稀有のものであり、軽視すべきではありません。

バテレン追放令が出された時のことを書いたのは、よく知られているルイス・フロイスという宣教師です。フロイスが、一五八八（天正十六）年二月二十日付けで書いたイエズス会総長宛て書簡（『十六・十七世紀イエズス会日本報告集』第Ⅲ期第七巻）に詳しく書いているのです。これは、島原半島の有馬から発信されており、一五八七年の日本報告という位置づけのものです。

バテレン追放令が出される前日、グレゴリオ暦では七月二十三日、日本暦では六月十八日に起こったことが、バテレン追放令発布の事情をよく示していると思われます。

この時、秀吉は九州攻めを終え、博多に逗留していました。六月十八日の晩、秀吉は、側近の者たちと夕食をともにしました。秀吉は、イエズス会副管区長ガスパル・コエリュから贈られた干し果物を食べ、ポルトガルの葡萄酒を飲んでいました。以下は、その時のことを書いたものです（前掲、イエズス会総長宛てフロイス書簡」）。

夕食が終って、関白殿が司祭たちについて話し始めたので、その異教徒は好機が到来したと思って巧みに話したので、関白殿は怒り始め、司祭たちやデウスの掟に対する激怒にかられ、これを利用して異教徒たちが火をあおり、薪をくべ、キリシタンの殿たちが司祭に服従するさまは驚くほどであり、他方、仏僧や神仏に対しては悪をなし、彼らが行くところ、すべてを破壊して良い物は自分の物としてしまい、すべての者を強制ないし自由意志でキリシタンにしてしまうと言った。ジュスト右近殿も同じことをし、最初高槻にいた時は、家臣を全員キリシタンにしたほか、その地の殿下が与えたすべての神仏の寺社を破壊した。明石でも同じことをしており、また先日徳運が行った大村や有馬の地でも同様なことが行なわれた。これにより日本にいる司祭たちは大きな力を持ちつつある。このような一問一答の間に、ついに関白殿の怒りは激怒や憤怒に変わり、いつも激情にかられた時のように爆発した。

比叡山僧侶の告げ口

「その異教徒」というのは、「比叡山の元仏僧」で徳運という名の者、つまり秀吉の側近の一人だった施薬院全宗です。施薬院が、秀吉に、キリシタンになった大名たちが、領地の神社仏閣を破壊していることを告げたのです。

フロイスは、秀吉の変化を、ずっと以前から計画していたことなのか、あるいはその夜、側近たちの話を聞いたことによる急激な怒りなのかを自問し、「この変化は突然の怒りからだとする方が可能性が大きいと思う」と考えています。そう考えざるを得ないほど、秀吉の態度は一八〇度変わったのでしょう。

ここで話題に出たジュスト右近、すなわち高山右近は、摂津国高槻から播磨国明石に転封されたばかりで、秀吉に従って九州攻めに参加していました。右近は、この日の内に、キリシタンをやめるか領国を追放されるか、どちらかを選ぶよう迫られ、「喜んで追放を受け入れ、領地を返す」と回答しました。

秀吉の詰問と宣教師の返答

秀吉はこの回答を聞き、ただちに右近から領地を取り上げ、コエリュには次のような詰問をします。

何故司祭たちは、あれほどの熱意で人々をキリシタンにしようとするのか。無理にでも改宗させるのか。何故神や仏の寺社を破壊し、その仏僧を迫害し、何故馬や牛を食うのか、牛馬は人間に仕え有益な動物ではないか。何故ポルトガル人は多くの日本人を買い奴隷として彼らの国に連れて行くのか。

伝言を携えた使者は二人で、関白殿からの伝言があると告げてから、コエリュを容赦なく下船させ浜へ向かわせた、といいます。詰問は、「伝言」ですから、文書にはされていなかったようです。コエリュは、おそらく口頭で、次のように答えました。

（我ら）司祭（パードレ）たちがヨーロッパから日本まで、このような費用と危険や労苦を敢てして来るのは、日本人の霊魂を救いたい以外の何ものでもない。そして我らの主イエズス・キリストの教えを説教するのは、その中にだけ救いがあるからで、このために司祭たちが来ている以上、改宗のためにできる限り働いているが、強制的にキリシタンにすることは、司祭たちもしていないし、そのような習慣もない。たとえそうしたいと思っても日本人は自分たちの自由な国におり、司祭たちは彼らに対して何の権力も有しないので、そのようにはできない。日本人を強制させているのは、彼らに説かれている掟が真実だからであり、これに動かされてキリシタンになっているのである。神や仏の掟には救いがないと判っているので、彼ら自身がその寺社を破壊し、その跡にデウスへの教会を建てている。

これは、それなりに正直な回答だと思います。確かにバテレンたちが、寺社を破壊しようと思っても、そうする手段はなかったはずです。バテレンの教唆によったかもしれませんが、寺社を破壊したのはキリスト教に帰依した大名に違いありません。

このほか、コエリュは、馬を食べることはしていないし、ポルトガル人の食習慣にもないこと、牛はポルトガル人の食習慣なので食べており、バテレンもポルトガル人が来航する港ではたびたび食べている、しかし、止める方がよいということであれば、やめることは容易だ、と答えています。

重要なのは人身売買の件で、「ポルトガル人が購入する日本人については、他の日本人がこれを売るから買うのであって、司祭たちはこのことを大いに悲しみ、できる限りこれを阻止しようとしてきたが、これ以上はできなかった」と言っています。

いまだ戦乱の世ですから、戦いに負けた地域の人々は勝った武将の戦利品となり、その売却先としてポルトガル人たちが選ばれていた、という戦慄すべき事実が明らかになります。ちなみに、当時、戦場で敵の民衆は戦利品であったこと、人身売買が行われていたこと、などについては、高木昭作氏が「乱世」（『歴史学研究』第五七四号、一九八七年）で指摘しています。

回答後、バテレンたちは、死を覚悟し、告白をしました。秀吉からは、「別の伝言」をよこし、高山右近に下した判決を文書に示して知らせた、といいます。

これが、日本暦六月十七日夜に起こったことです。

秀吉の怒りはおさまらなかった

そして、バテレン追放令が出された翌十八日の朝、秀吉は起きてくると、前夜と同じ怒りを示し、その場にいた大名たちに、キリシタンの掟やバテレンたちへの「罵詈雑言」を吐き始め、次のように言ったとされます。

この掟は悪魔のものだ。いっさいの善を破壊するものだ。司祭たちは人を誤らせ、救いを説く衣の下で人を集めに来て、後で日本で大きな騒乱を起こす。彼らは狡猾、博識で、やさしい言葉と巧みな論議で日本人の心を自分たちに従わせ、多くの領主たちと武士を欺いた。もし彼（秀吉のこと—筆者注）も考え深く慎重でなかったら欺されるところだった。司祭たちが巧みに組み立てた言葉と明白な論理の下に毒を隠しているのを初めて見出したのは自分であり、彼らのもくろみを阻止しなければ、大坂の仏僧のように一向宗の掟を説くという口実の下に多くの人を自分に引きつけ、その地の領主たちを殺してそれを自分のものとし、大領主となって天下人の信長を大いに苦しめたが、あのようになっていたろう。今度の司祭たちの方がずっと害が大きく危険だ。というのは、大坂の仏僧のように下層の人々を引きつけるだけでなく、日本の主な領主たちや武士らを自分に引きつけるからで、そうすれば大坂の僧侶よりずっと簡単にその主人になれる。キリシタンになった人々を集めれば、司祭たちには従順で尊敬しているので、時を待って天下人に立ち向うこともずっと易しいし、日本に大きな戦さや問題を引き起こす。

もちろん、この場にフロイスがいたわけではありませんから、どの程度正確なものかはわかりません。しかし、秀吉の言葉は、イエズス会にとっては都合の悪いことであり、ここで嘘を書く必要もありませんから、誰かキリシタンに好意的な者から聞いたことを書いていると考えられます。

秀吉がこのようにまくしたてたので、周囲にいた者は、「正にその通りである」とか、「そのような重大なことを素早く察知した知恵は見事である」と賛同の意を表明しました。

フロイスは、秀吉の側近について、「彼の言っていることが正しかろうが間違っていようがいつも称賛している」と言っていますが、その態度は、まさに現代でも権力者の周辺にいる者が見せるものと同じでした。

周囲の者の称賛に力を得た秀吉は、コエリュに、「日本語で書かれ、彼の印」がある文書で次のように命じます。

> 司祭たちが悪魔の悪い掟を説くことは、日本のすべての法に反し、有害で人を誤らせ、その習慣と天下の治政を破壊するので、もはや日本にいてもらいたくない。よってすべての者が二十日以内に集合し、日本の諸国を去って自国に帰るよう命ずる。

この文書がバテレン追放令で、フロイスは、「天下の君の決定」として、全文の翻訳を載せています。

この朱印状は、使者によって渡されましたが、その時、使者は、コエリュに、「関白殿の司祭に対する怒りをこれ以上深刻にしないよう注意するよう」忠告しています。朱印状を渡す使者は、このように秀吉の意図をより詳細に伝えたり、渡す相手へ助言することもあったのです。

秀吉に逆らった宣教師たち

コエリュは、ポルトガル人の司令官たちとともに、船のある平戸に戻りました。これは、秀吉の命令に従うことを示すことによって、彼の怒りがそれ以上にならないためであり、また平戸で宣教師一同と協議すべきだと考えたためです。

平戸には、出帆準備を整えた定期船が碇泊していました。秀吉は、宣教師たちがその船でただちに日本を出ることを要求したのです。以下、コエリュの執筆した一五八八（天正十六）年度年報（松田毅一監訳『十六・七世紀イエズス会日本報告集』第Ⅰ期第一巻、同朋舎出版、一九八七年）から引用していきます。

コエリュは、日本のさまざまな場所や布教地に分散している司祭たちを招集しましたが、京都と豊後に居住する一部の司祭へは潜伏するよう命じました。

平戸では、集まった司祭たちによって協議会が開催されました。一同は、「今こそ、血と死をもって我らの宣布する律法がいかに真実であるかを証明するにふさわしい時である。これで不信心のわが敵どもを納得せしめ、このキリシタン宗門の若き根は十分に根をおろすことになろう。またこうすることで暴君の残酷な脅迫とその禁令にたちむかう勇気を培えることになろう」と考えました。そこで取られた方針が、以下のようなものです。

イエズス会の会員は一人として日本を出てはならぬ。しかし〔実際にそのようになされたのだが〕その折、関白殿へしかるべき満足を与えるよう、また我らが日本に留まっていることを見咎めた関白殿が我らに対し激怒を発さぬよう、最大限の配慮をなすべきである。

こうして、平戸に集まった司祭たちは、ふたたび日本の各大名の領地へと戻っていきました。

この経過を考えれば、平戸の領主にバテレン追放令の写しが渡されたことは、あまりにも当然のことです。平戸領主松浦鎮信には、宣教師たちがポルトガルの定期船に乗って日本を出ることを見届ける義務がありました。その根拠となる法令が与えられなければ、鎮信は自らの任務の意味がわからなかったでしょう。

その意味で、天正十五年六月十九日付け秀吉朱印状案が松浦家文書に残されており、他の大名家にないのは、しかるべき理由があることだったと考えられます。

第3章 バテレン追放令の国内への布達

高札として掲げられたバテレン追放令

フロイスは、バテレン追放令の国内への布達につき、興味深いことを書いています。

また、布告を板に書いたものを博多の公開の場所に掲げるよう命じ、そこに、司祭たちは悪魔の掟を布教しに来、法を破り、神や仏の寺院を破壊しに来たため国外に放逐する旨宣言し、これと同じ布告を、日本の他の様々な市(まち)や主要な場所に掲げさせた。

バテレン追放令は、ポルトガル人に渡されただけではなく、国内へも、高札として掲げられたことがわかります。そして、このことは、博多に関しては日本側の史料でも裏付けることができるのです。

筑前箱崎の箱崎宮の座主が書いた記録に、『豊前覚書』というものがあります。現在伝えられているのは、元和元（一六一五）年の写本ですから、当事者の手になる覚書として信頼がおける史料です。「豊前」とは、豊前国のことではなく、座主の名が豊前守だったために付けられた名称です。

これには、バテレン追放令が出された時のことを、次のように回想しています（『筑前博多史料豊前覚書』文献出版、一九八〇年）。

【釈文】

一、當春、関白様関ノ渡御越候砌（みぎり）、豊前岩赤（石）ノ城、御馬廻之内、黄母衣（きほろ）ノ衆一手ニて攻くつし被申候、手柄不浅之由（あさからずのよし）、被成上意（じょういなされ）候へ共、此黄母衣衆之内きりしたん両人御座候由、俄被聞召上（にわかにきこしめしあげられ）、六月十九日ニ御神前鳥居のわきへ、はた物ニ御かけ被成候、それニ付而、はかたへゐ申候はてれん、今日十九日より二十日之内ニ帰国仕候へと御ヶ条書申し候御朱印出申候、座主坊へ御渡被成候、此御朱印書、生駒雅楽介（親正）殿・石田治部少輔（三成）殿御承候て、津（博多）中・箱崎如此之御朱印出申候由、座主坊より廻シ候へと、右両人之衆被仰渡候間、豊前守請取候而、触廻り候てより、末代之儀候間、箱を（にカ）さし入、宝殿に籠召置候へ共、安国寺御覧可有之由被仰候間、渡申候てより無御戻候、則御朱印之写是也、

【現代語訳】

一、今年の春、関白様が下関を渡海なさった時、豊前岩石の城を、御馬廻のうちの黄母衣衆だけで攻め崩されました。たいへんな手柄だと仰せになりましたが、この黄母衣衆のなかにキリシタンが二人いることを突然お聞きになり、六月十九日に箱崎宮の鳥居の脇で磔に処せられました。そして、博多に滞在しているバテレンは、今日十九日から二十日間の間に帰国せよと、御ヶ条で書かれた御朱印状が発給されました。それを座主坊に御渡しなされ、この御朱印状は、生駒親正殿と石田三成殿が御承りになって、博多中と箱崎に、このような御朱印状が出たと座主坊から回覧するようにと、その二人の方が仰せ渡されたので、豊前守がうけとって触れ廻った後、末代までの証拠となるものだからと、箱に入れ宝殿に奉納しましたが、安国寺恵瓊が御覧になりたいと仰せになったので、渡してから戻しても

らえませんでした。その御朱印状の写しは、以下のようなものです。

他の史料による裏付け

天正十五（一五八七）年、秀吉が豊前岩石城を攻めたこと、その後博多に行き、箱崎宮に二十日ほど逗留したことは、秀吉の家臣竹中重門が執筆し、寛永八（一六三一）年に擱筆した『豊鑑（とよかがみ）』にも書かれていることです。

ただし、秀吉の直轄軍団の黄母衣衆の中にキリシタンが二人おり、六月十九日に箱崎宮の鳥居の脇に磔に処したということですが、これを裏付けるほかの史料はありません。

この時点で秀吉が、キリシタンを処刑するという行動をとったとは思えません。高山右近も追放になっただけです。しかし、箱崎宮の座主が書いた記録ですから、それなりに尊重する必要があります。

柳川藩立花家の家臣が書いた『高橋紹運記』（改訂史籍集覧）にも、「太閤公　今度御供ノ御馬廻衆ノ内、吉利支丹両人有之由、俄に聞召付ラレ、両人ナカラ召捕、八幡神前ノ鳥居ノ脇ニ張付ニ懸サセナサレ、其ヨリ制札ヲ立サセラル」という記事があります。成立年代は不詳ですが、江戸時代初期の信頼すべき歴史書です。ただし、『豊前覚書』の写本も立花家の家臣によるものなので、それによったものかもしれません。

その真偽はともかく、『豊前覚書』にはバテレン追放令の公布の仕方が詳しく書かれています。

バテレン追放令は、生駒親正と石田三成の二人が、「博多・箱崎にこのような朱印状が出されたので、座主坊から回覧するように」と命じたのです。

座主の豊前守は、これを受け取って触れ廻り、朱印状そのものは将来にわたって神社を守る貴重な墨付きだからと、箱に入れ、宝殿に奉納しました。しかし、安国寺恵瓊がバテレン追放令の原本を見たいと言い、豊前守から預かっていき、その後、返却されることがなかった、ということです。

秀吉の九州攻めには、生駒も石田も従軍していますので、この二人が秀吉の意を受けて、朱印状を持参することはあったでしょう。本来、バテレン追放令のような朱印状は、高札にして、それこそ神社の鳥居の脇にでも掲げるものだと思いますが、紙に書かれたものなので、長くは持ちません。そのため、実際には、朱印状を持って関係諸方面に回覧し、原本は保存しようとしたようです。

安国寺が借用して返却しなかったため、原本が残らなかったというのも、ありえる話です。仏僧である安国寺が、この朱印状の内容を是非知りたいと考えても不思議はありません。そのため箱崎宮には秀吉朱印状の原本は残らず、『豊前覚書』に書き留められたバテレン追放令の写しだけがあります。

フロイスの記述によれば、「布告を板に書いたものを博多の公開の場所に掲げるよう命じ」たということですから、回覧された場所では、朱印状を写し取り、板に書いて高札として掲げたことも十分に考えられます。

元禄十（一六九七）年以降に成立した長崎の地誌である『長崎根元記』にも、「天正十五年秀吉公於筑前箱崎、耶蘇宗門排行御停止御書出写」として、バテレン追放令が書き留められています。つまり、バテレン追放令は、秀吉が逗留していた博多だけではなく、長崎にも伝えられ、長崎の地誌類に書き留められているのです。

天正十五（一五八七）年六月十九日付けバテレン追放令に関して書かれた記録は、イエズス会宣教師の記録と箱崎宮座主の記録、さらに長崎の地誌類という系統の違う外国と日本の史料に残されているのですから、ほぼ信頼すべき記述だと思います。

◎周知徹底をはかる

秀吉は、高山右近の追放を決めた後、バテレン追放令を出し、朱印状を宣教師と箱崎宮に渡したのです。宣教師に対しては、追放命令ですから当然朱印を押した正本である必要があります。箱崎宮に対しては、松浦氏に対してと同様写しでもよかったはずですが、回覧させる際に、それが本物であることを示すため朱印が押されたと考えてもいいでしょう。

バテレン追放令は、日本人に知られていないと、宣教師がいてもそれが違法であることがわからないわけですから、少なくとも秀吉が布達した時点ではできるだけ周知徹底させる方策がとられたと思います。したがって、バテレン追放令が箱崎宮に高札として掲げられたほか、箱崎宮の座主から関係者に回覧され、その写しが長崎にも伝えられた、と考えることができます。

天正十五年六月十九日に出されたバテレン追放令に関する考察は以上ですが、実はその前日、秀吉によって内容にずいぶん差がある法令が出ていることが知られています。次章では、それについて見ていきましょう。

第4章 もう一つの「キリシタン禁令」

偽文書とされた「キリシタン禁令」

伊勢神宮の御師によって貞享二（一六八五）年頃成立したと見られる『御朱印師職古格』と題する冊子に、天正十五（一五八七）年六月十八日付けの秀吉定書（「覚」）の写しがあります。

「一、伴天連門徒之儀、其者之心次第たるへき事、（キリスト教を信仰することは、その者の自由とする）」で始まる全十一ヶ条の法令です。

この文書は、昭和十四（一九三九）年、渡辺世祐氏によって「キリシタン禁制」として学界に紹介されたものです。ただ、翌日付けのバテレン追放令と内容があまりにも異なると考えられたため、多くの研究者によってさまざまな解釈がなされてきました。

これらは、おおむね十八日令が国内の一般民衆を対象としたもの、十九日令がバテレンを対象にしたもので、両者相俟ってキリシタン禁制の意味を完全なものにした、という渡辺説を中心に展開しています。諸説の中では、松田毅一氏の、秀吉はキリシタン宗門の絶滅をはかったものではなく、本願寺的性格を棄てるよう要求したもの、という自然な解釈が注目されます。確かに、第一条で、キリシタンの信仰は、信者の「心次第」[*2]だとされていますから、こう考えざるをえません。

ところが、三鬼清一郎氏が、『御朱印師職古格』の史料的性格を問題とし、この文書を「極めて疑わしいもの」としました（「キリシタン禁令をめぐって」『日本歴史』第三〇八号、一九七四年）。要旨は以下の五点です。

①この法令は、ほかにも残ってよいと思われるが、『御朱印師職古格』に載せられた写ししかない。
②この法令の発布を宣教師側がまったく知らない。
③秀吉のキリシタン政策を示した法令が、伊勢神宮の御師が作成した冊子にのみ残る必然性はない。
④文中に不可解な文言がある。特に第二条の「寺請百姓」は、江戸幕府が実施した宗

門改め制度を前提にしないと存在しえない用語である。
⑤第三条の「給人ハ替り候といへとも百姓ハ不替者ニ候」など、この時期のものとしては不自然な言葉がある。

このうち、⑤は、表現こそ違いますが、翌日付けの秀吉朱印状でも、「国郡在所知行等、給人に被下候儀者、当座之事候」と同じことを言っていますから、それほど不自然ではない気がします。

おそらく、三鬼氏は、「寺請百姓」が気に入らなかったのでしょう。他の研究者も、このように言われると不安になり、中には、この文書は偽文書だが内容的に見て正しいものが含まれているから一概に捨てるべきではない、というわけのわからないことを主張する人もいました。

＊2　天正十五年六月十九日付けバテレン追放令第三条の「心さし次第ニ」という言葉も、この「心次第」を下敷きに解釈すると間違いがないと思われる。

良質な写本の発見

これに対し、岩澤愿彦氏は、神宮文庫所蔵『引付天正拾年同拾五　遷宮之事有』という史料に、次のような記述があることを紹介され、十八日令が確かに神宮に伝えられていることを論証しました（「豊臣秀吉の伴天連成敗朱印状について」『國學院雜誌』第八〇巻第一一号、一九七九年）。

【釈文】

伴天連御成敗之事、関白秀吉朱印六月十八日之御紙面、神慮大感応たるへき旨也、就其（それにつき）捧御礼連署、

【現代語訳】

宣教師を処罰すること、関白秀吉の六月十八日付け朱印状の文面、神慮が顕現したものである。それについて、御礼を捧げ、連署の御請（を提出した）。

「連署」とは、神主が連署した御請（受取状）で、七月十三日付けのものです。なお、省

略部分に神宮側が鳥羽領主の九鬼嘉隆と伊勢国の豊臣氏蔵入地代官、上部貞永（うわべさだなが）に贈物をしていることが見え、岩澤氏は、秀吉の朱印状が九鬼嘉隆の船で上部貞永によってもたらされたと推定されています。

三鬼氏の疑問の中心部分である用語に関しては、『御朱印師職古格』が良質の写しではないためで、「寺請百姓」の「請」は「院」か何かの誤写と思われること、などを提示して、十八日令をむしろ積極的に評価すべきであることを主張しました。

三鬼氏の説は再検討を迫られ、三鬼氏自身によってより良質の写しが発見され、自己批判の上で紹介されました（「キリシタン禁令の再検討」『キリシタン研究』第二十三輯、一九八三年）。この史料は、『御師職古文書』（第一門、七四〇四号、神宮文庫所蔵）と題された冊子に収録されていたもので、全文は以下の通りです。

【釈文】

覚

一、伴天連門徒之儀、其者之心次第たるへき事、

一、国郡在所を御扶持ニ被遣を、其知行中之寺庵・百姓以下を、心さしニ無之処へ押

付而、給人伴天連門徒ニ可成由（なるべきよし）申、理不尽ニ成（なし）候段、曲事候事、

一、其国郡知行之儀、給人ニ被下候事ハ當座之儀候、給人ハかハり候といへとも、百姓ハ不替ものニ候条、理不尽之儀、何かに付て於有之者、給人を曲事ニ可被仰出候間、可成其意之事、

一、弐百町二三千貫より上ニ者、伴天連ニ成候においてハ、奉得　公儀、御意次第ニなり可申事、

一、右之知行より下を取候ものハ、八宗九宗之儀候条、其主一人宛ハ心次第ニ可成之事、

一、伴天連門徒之儀者、一向衆よりも外ニ申合候由被聞召候、一向衆其国郡ニ寺内をたて、給人江年貢を不成（なさず）、并加賀一国門徒ニ成（なり）候而、国主之富樫追出、一向衆之坊主もとへ令知行、其上越前迄取候而、天下之さハリニ成候儀、無其隠候事、

一、本願寺門徒其坊主、天満ニ寺を立させ、雖免置候、寺内に如前々ニハ不被仰付候事、

一、国郡又者在所を持候大名、其家中之ものともを、伴天連門徒ニ押付成候事者、本願寺門徒之寺内をたて候よりも太（はなはだ）不可然儀ニ候間、天下之さハリニ可成候条、

其分別無之者ハ、可被加御成敗候事、

一、伴天連門徒、心さし次第ニ下々成候義者、八宗九宗之儀ニ候間、不苦事、

一、大唐・南蛮・高麗江日本仁を売遣候事、可為曲事事、

付（つけたり）、日本ニをいてハ、人之うりかひ停止之事、

一、牛馬をうりかひ、ころし食事（たべること）、是又可為曲事事、

右条々、堅被停止畢（おはんぬ）、若違犯之族有之候者、惣（すべて）可被處厳科者也、

天正十五年六月十八日御朱印

【現代語訳】

覚

一、キリスト教を信仰することは、その者の自由である。

一、国郡在所を領地として与えていることをよいことに、その知行の寺庵や百姓たちを、給人が強制的にキリスト教の信者になれと命じ理不尽に信者にすることは、道理のないことである。

一、知行を給人に下されているのは当座のことである。給人は替わるが、百姓は替ら

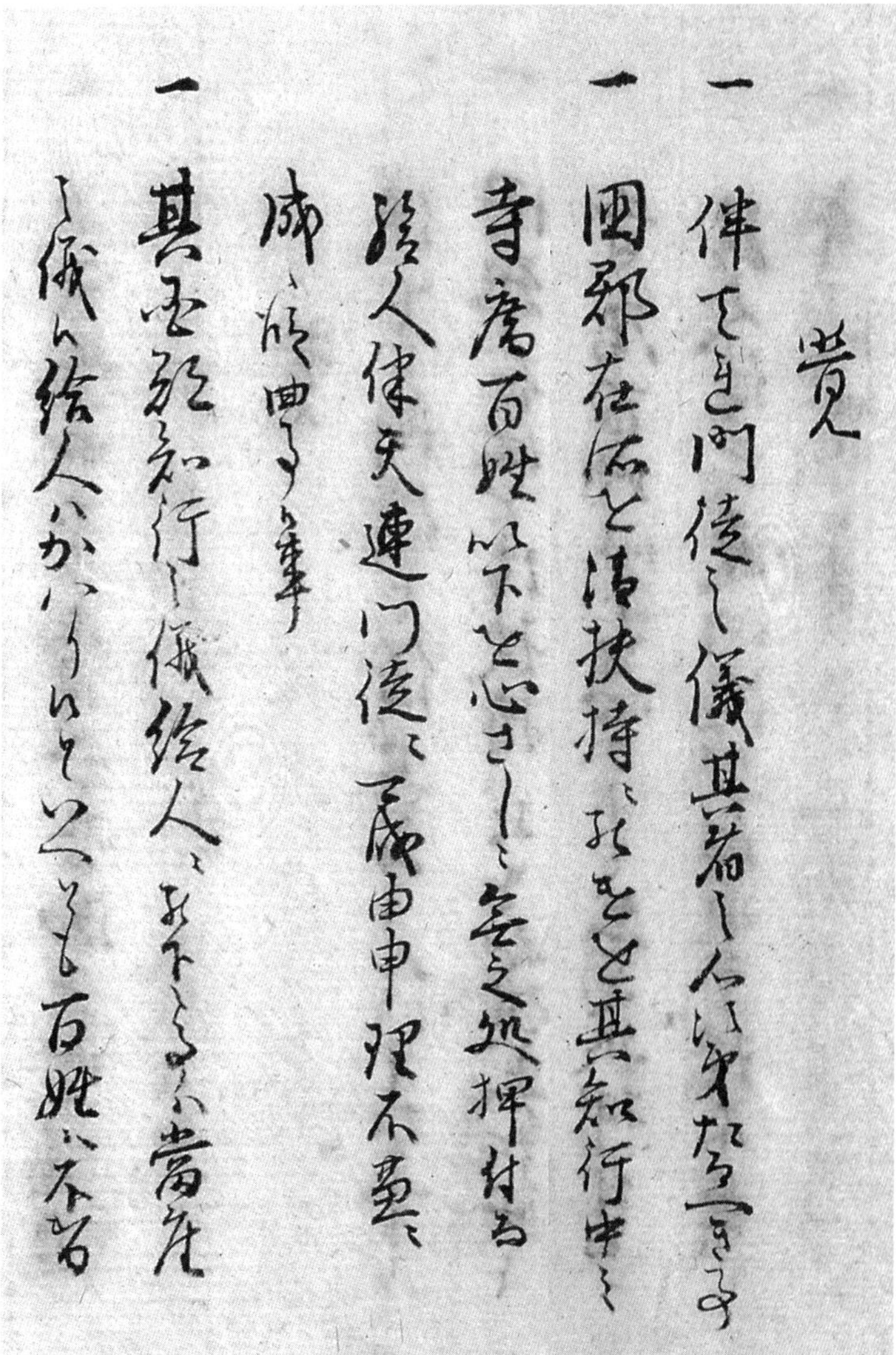
覚
一 伴天連門徒之儀其者之心次第たるへき事
一 国郡在所を御扶持ニ被遣候を其知行中之寺庵百姓已下を心さしも無之処押付給人伴天連門徒可成由申理不尽之成候段曲事候事
一 其国郡知行之儀給人ニ被下候事ハ当座之儀ニ候給人ハかはり候といへとも百姓ハ不替

とかく条理ニ立候儀何事ニ付ても
おみ有之ハヽ絵人と曲事ニて可被仰出候
て成下落してのみ

一 就百町二三千貫よりの上ニて法律ニて見候ハヽ
よる所ニて八百事なき 然儀御意以可有之而
中有之

一 右之知行よりの下と被申しよのハ八宗丸ほかに
儀之宗其ハ主一人死ハ心以可有と可被申事

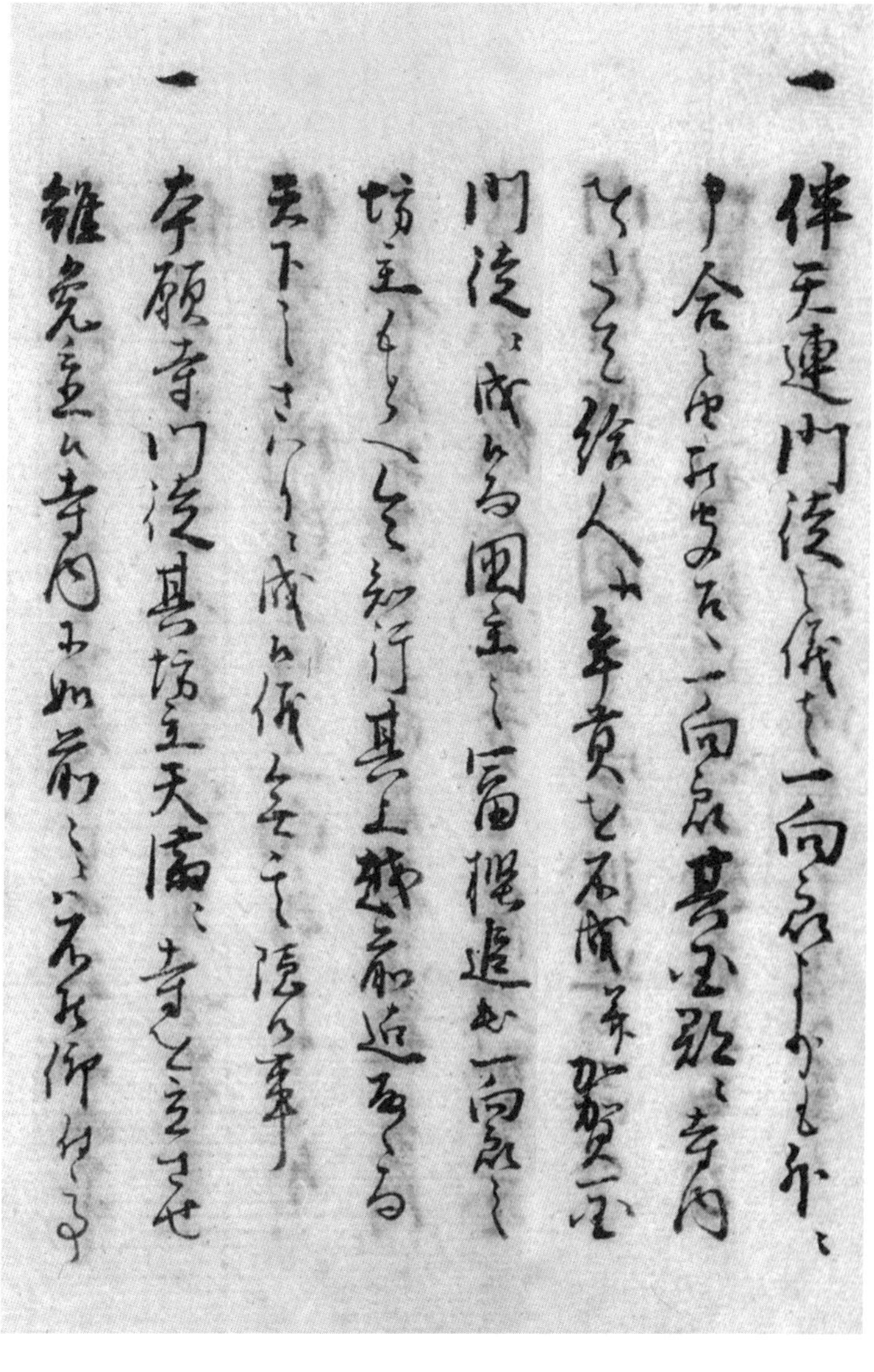
一　伴天連門徒之儀ハ一向宗よりも外ニ
申合候由被聞召候一向宗其国郡ニ寺内
をして給人へ年貢を不成并加賀一国
門徒ニ成候而国主之富樫を追出一向宗之
坊主もとへ令知行其上越前迄取候而
天下之さはりニ成候儀無其隠候事
一　本願寺門徒其坊主天満ニ寺を立させ
雖免置候寺内ニ如前々ニハ不被仰付事

一 国郡又ハ在所を持候大名其家中之
者共を伴天連門徒ニ押付成候事ハ
本願寺門徒之寺内を立候よりも
不可然義候間天下之さはりニ可成候条
其分別無之者ハ可被加御成敗候事
一 伴天連門徒心ざし次第ニ下々成候義ハ
八宗九宗之義候間不苦事
一 大唐南蛮高麗江日本仁を売遣候事

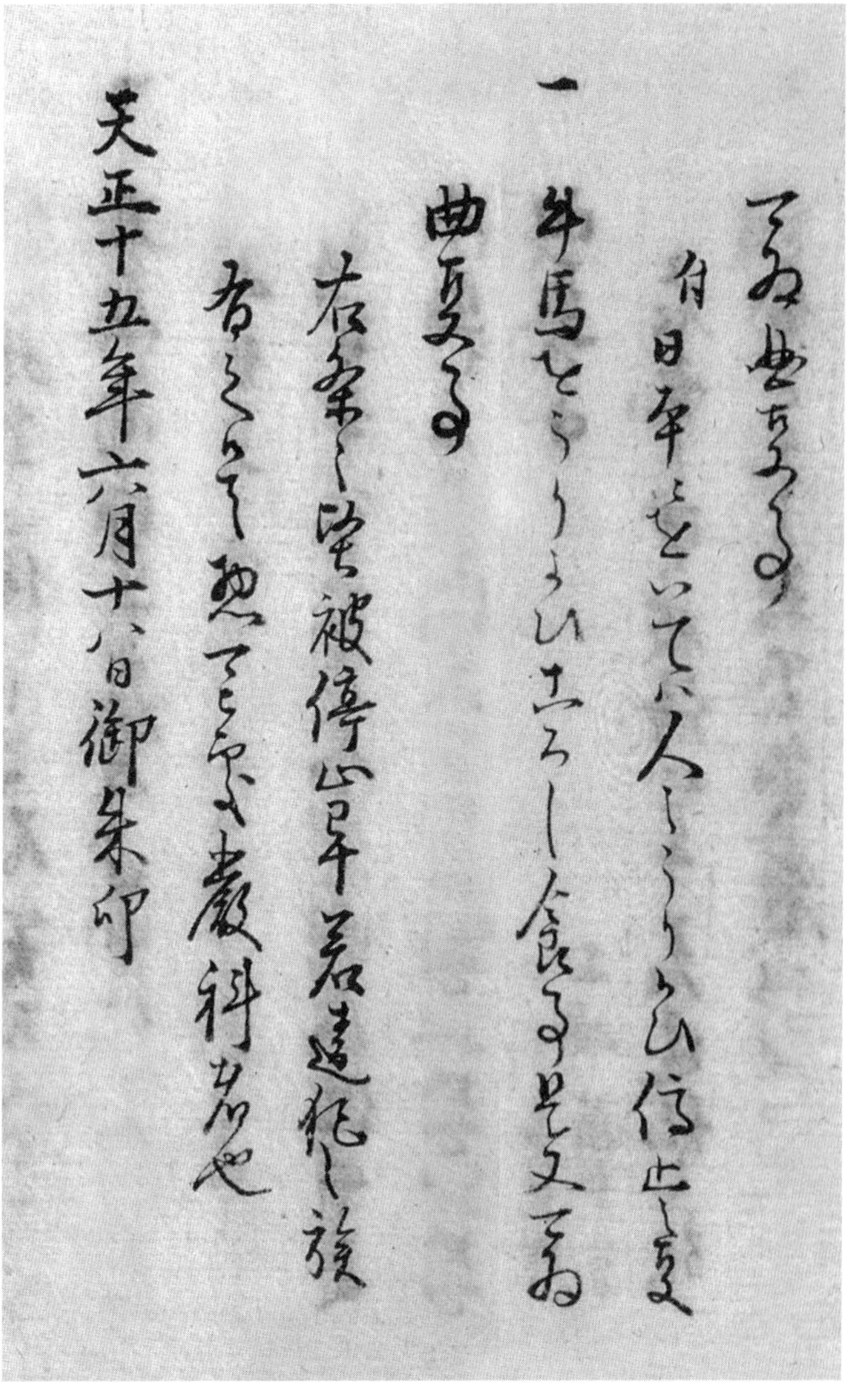
可為曲事事
付、日本ニおいて人のうりかい停止之事
一　牛馬をうりかいころし食事、是又可為
曲事事
右条々堅被停止畢、若違犯之族
有之者、忽可被処厳科者也
天正十五年六月十八日　御朱印

（神宮文庫所蔵）

ないものなので、理不尽のことがあれば、給人を処罰するので、そのように思え。

一、二百町、二、三千貫より上の領主がキリスト教徒になる時は、公儀から許可を得てなること。

一、それ以下の知行の者は、八宗九宗のことだから、その者一人なら自由になってよい。

一、キリスト教徒は、一向宗門徒以上のたくらみをしているとお聞きになられている。一向宗門徒は、居住する国郡に寺内（門徒の「自治区」）を作り、給人へ年貢を納めず、加賀では一国の者が門徒になって、国主の富樫氏を追い出し、一向宗の坊主が国を支配し、そのうえ越前まで切り取り、天下の障りとなったことはよく知られている。

一、本願寺門徒と坊主には、（大坂の）天満に寺を建てさせ、許したが、以前のような寺内にはしていない。

一、大小の大名が、その家来をキリスト教徒になることを強制するのは、本願寺門徒が寺内を作ることよりももっと悪いことで、天下の障りになるので、それを考えない者には、御成敗を加える。

一、下々の者がキリスト教に自由になることは、八宗九宗のことだからかまわない。
一、大唐・南蛮・高麗へ日本人を売り遣していることは、処罰すべきことである。日本では、人の売買は禁止している。
一、牛馬を売買し、殺して食べることは、これまたとんでもないことである。右の条項を厳しく禁止した。もし違反する者があれば、すべて厳罰に処するものである。

この法令の中心は、キリシタン領主が領民にキリスト教の信仰を強制することを禁じた第二条で、第三条は「給人ハかハり候といへとも、百姓ハ不替もの」と、その理由を述べたものだと理解できます。その前提には、キリスト教の信仰を「其者之心次第」とした第一条があります。

ただし、給人の身分によって秀吉の許可が必要だ、というような細則を述べたのが、第四・五条です。「八宗九宗之儀」とは、仏教八宗派にキリスト教（一宗派）が加わったところでたいした問題ではない、という秀吉の認識が示されています。

第六・七・八条は、秀吉が憤懣を述べたことが、そのまま反映されているような文章です。秀吉の頭の中には、かつて大名領主を苦しめた一向宗の動きが浮かんできたのでしょう。大名が、与えられた領地の領民をキリスト教に改宗させることが、僧侶が寺内という自治地域を作るよりも悪いというのは、当然の認識でしょう。

第九条は、第一条の繰り返しです。ずいぶん伴天連を非難したので、あらためて下々の者の信仰は許す、と言ったのでしょう。

第十条は、人身売買の禁令、第十一条は牛馬の売買や食べることの禁令で、フロイスの記述との整合性がわかります。すでに見たように、副管区長コエリュは、この人身売買や牛馬を食べることへの非難に対して、苦慮しています。

神宮文庫にだけ残った理由

三鬼氏は、この朱印状が、「施薬院全宗らが秀吉の承認を得ることなく、直接に神宮側に朱印状を渡したことも考えられる」という思い付きを述べています。

しかし、「八宗九宗之儀」というような宗教についての無理解を考えた時、秀吉以外の者がこの文書を作成したとは考えられません。全文を見ても重複があり、唐突に歴史上の事件が出てくるなど、右筆が秀吉の言ったことをそのまま文章にしたと考えるのが妥当だと思います。

キリスト教の信仰は庶民の心次第という第一条および第九条があるので、十九日付けのバテレン追放令とはずいぶん違うような印象がありますが、秀吉の考えにそれほどブレはないように思います。十九日は、もともとが宣教師宛ての命令だけに、追放するということが主眼になるのはやむをえないことです。

この法令が、なぜ神宮文庫にだけ残されたのかという疑問については、次の岩澤氏の推論が正しいように思われます。要旨は以下の三点です。

①高山右近の領地での神社仏閣の破壊という事態を考えた時、キリシタンとなった伊勢一国の領主蒲生氏郷の考え次第では、伊勢神宮にも弾圧の嵐が襲う可能性があった。

②そのため、伊勢神宮は、大政所や北政所らの帰依を受けている尼僧慶光院周養を通じて運動を展開し、ついに六月十八日付け秀吉朱印状を得た。

③この朱印状は、豊臣政権が法令を周知徹底させるために出したというより、申請者の請願に応じて下付した「禁制」の意味あいが強い。

つまり、危機に直面した神宮側の運動により出された禁制だというのです。

禁制は、軍勢の乱暴の禁止や竹木の伐採を禁ずるものが有名です。中世社会では、禁制は村の側から申請し、下付された時は礼金などを支払うものでした。豊臣政権の時代になると、軍勢の規律を維持し、在地の支持を集めるため秀吉の方から積極的に出します（高木「乱世」）が、必要なことなら運動してでもその下付を願おうという発想が神宮にあったとするのは自然なことです。

秀吉は、この時点で博多にいたので、なぜ六月十八日付けなのかという疑問が生じますが、『引付』の記事によれば、この朱印状は秀吉が京都に凱旋した後、七月下旬に京都で下付されたようです。

したがって、岩澤氏は、それ以前に渡された「伴天連御成敗之事、関白秀吉朱印六月十八日之御紙面」は、前もって送られた「案文か土代」[*3]で、「秀吉政権側が神宮の内訴に応じてそれを内示したもの」と解釈しています。このあたりは推測ですが、説得的なものだと思われます。

＊3　「案文」とは、文書の写し、あるいは控えのことを言い、「土代」とは文書の草案や下書きを言う。

◎「キリシタン禁令」の本質

天正十五（一五八七）年六月十八日付けと翌十九日付けの秀吉朱印状を並べてみると、秀吉の意図ははっきりしているように思います。

まず、個々人がキリスト教を信仰するのは自由だ、ということです。その意味で、これらの法令は、「キリシタン禁令」ではありえません。

秀吉の主たる目的は、キリシタンになった大名領主が、領民を強制的にキリシタンにしたり、領内の神社仏閣を破壊することは厳禁する、ということでした。そのため、その根本の原因となる宣教師を国外へ追放することが、きつく命じられました。

ポルトガル人との関係で言えば、キリスト教の布教が問題になったのですから、貿易に関しては従来通りとするのは当然です。ただし、日本人を買い取って国外に送ることだけは厳禁されました。これは、副管区長コエリュも認めているように、明白な事実でした。

六月十九日付け秀吉朱印状は、宣教師に追放令を命じたもので、ポルトガル人に原本が渡されたものです。国内では、箱崎宮の座主には朱印状が渡されたようですが、平戸の領主松浦氏には朱印のない案文が渡されました。一方、前日付けの秀吉朱印状は、「キリシタン禁令」などではなく、「キリシタン大名による領民の強制改宗禁止令」とでも呼ぶべきものです。これは、伊勢神宮の求めに応じて発給されたもので、戦国時代以来の禁制の系譜を引くものでした。両者は決して矛盾するものではなく、秀吉のそれなりに一貫した姿勢を示すもの、と考えていいでしょう。

第四講

豊臣政権の「取次」と奉行

第1章

豊臣政権の「取次」と「指南」

「申次」時代の秀吉

秀吉がまだ木下藤吉郎だった時代、織田信長に命じられて、毛利家との「申次」を行っていました。当時、信長と毛利元就は対等の戦国大名で、秀吉の身分では元就に直接書状を送ることはできず、元就の子小早川隆景を相手に連絡をとっています（『大日本古文書　小早川家文書之一』三九四号文書）。

【釈文】

今度信長江従元就為御使、永興寺御上国候、拙子可申次之由候間、執申候、信長別而入魂（じっこん）被申候條、弥（いよいよ）向後無御隔心可被仰談事肝要候、我等事、乍若輩、相応之儀示預、

不可有疎意候、仍雖無見立候、馬一疋飛漕毛令進覧候、自今以後、別而可得御意表事候、猶如閑斎、柳沢新右衛門尉可被申候、恐惶謹言

（永禄十二年）
三月十八日　　　　　　　　　　　　秀吉（花押）

小早川左衛門佐殿
人々御中

【現代語訳】

今度信長への元就よりの御使として、永興寺が上国されました。私に申し次ぐようにということですので、執奏しています。信長は格別に懇意にされていますので、今後も御隔心なく仰せ談じられることが大切です。私は若輩ながら、申次を命じられましたので、決して疎意にはいたしません。たいした馬ではありませんが、飛漕毛の馬一疋を進覧いたします。今後、特に親しくご連絡いただけたらと思います。なお、如閑斎と柳沢新右衛門尉が申されることでしょう。恐惶謹言

元就が使僧を遣わして来たので、信長は、毛利との外交交渉を秀吉に任せ、秀吉が隆景に書状を送ったのです。「申次」が、命じられて行うものであることを示しています。後に中国地方方面への織田軍団の司令官となる秀吉ですが、若輩時代は毛利氏との間の「申次」としてスタートしたわけです。

秀吉と毛利氏

信長の後を継いで天下統一を進める秀吉は、当初、部将の黒田孝高（播磨府山城主）と蜂須賀正勝（播磨竜野城主）を毛利氏との交渉にあたらせますが、旧来からの関係から、秀吉は直接小早川隆景と連絡を取ることもあり、安国寺恵瓊は秀吉の家臣化して取次のルートとなります。

毛利氏が従った後、天正十五（一五八七）年六月には輝元に、毛利領の備中・伯耆の一部と備後・伊予の代わりに豊前・筑前・筑後・肥後を与え、「九州取次」を任せようとします。これは輝元の固辞によって構想だけに終わりますが、同年、小早川隆景を伊予一国から筑前一国と筑後・肥前各二郡を与えます。こののち、筑後へは隆景が取次の任にあたったと思われます。朝鮮出兵の時、隆景は、立花宗茂・高橋直次・筑紫広門ら筑後の中小大名とともに第六軍として出陣します。『小早川家文書』には、彼らに与えた秀吉朱印状が残されており（『大日本古文書　小早川家文書之一』三四五・三四六・三四七号文書など）、筑後の大名が、隆景の与力的位置にあったことを示しています。

天正十五年、島津氏が秀吉に服属したのち、孝高は豊前国に六郡を与えられます。朝鮮出兵の時は、孝高は大友義統とともに第三軍として出陣します。

秀吉と上杉景勝

東国に対しては、秀吉に従った越後の上杉景勝に、次のように命じています（『大日本古文書　上杉家文書之二』八一五号文書）。

【釈文】

八月十日書状、今日廿五到来、加披見候、（中略）次関東其外隣国面々事、入魂次第、可被申次由、猶別紙申顕候也、

（天正十四年）
九月廿五日（秀吉花押）

上杉少将とのへ

【現代語訳】

八月十日付けの書状、今日二十五日に到来、披見しました。（中略）つぎに関東その外隣国面々の事、貴殿の才覚で関係を結び、申し次がれるように、とのことでした。なお、別紙で伝えます。

秀吉の位置から「可被申次」と命じている任務は、別紙である同日付けの石田三成・増田長盛連署副状（そえじょう）（『大日本古文書　上杉家文書之二』八一六号文書）では、「関左并伊達、会津辺御取次之儀ニ付て」と、景勝が「申次」を行うことを「御取次之儀」と書いています。

つまり、書く者の立場によって、同じ行為が「申次」と言われたり、「取次」と言われたりするわけです。三成と長盛は、これ以後も景勝との取次にあたっていきますが、早くから秀吉に従った上杉家に対しては、領内政治に立ち入ることなく、秀吉の奏者（副状の発給者）としての立場に留まっています。

徳川家康が上洛してからは、秀吉は景勝に、家康と談合して「関東之儀」にあたるよう命じます。また、秀吉の盟友である前田利家も、加賀を領する関係から、北陸方面から関東・奥羽の大名との仲介にあたり、盛岡の南部信直の取次的位置にありました。景勝ら大大名による取次のほかに、秀吉の直臣である富田知信・津田信勝・施薬院全宗・和久宗是らも取次として動いていました。

こうした複雑な関係は、関東・奥羽の諸大名がいまだ完全には秀吉に服属していない段階のもので、統一的な取次というより、「手筋」としての取次が複数存在していたということです。「手筋」の一つとして取次にあたった者は、自分の才覚で対象となった大名を秀吉に服属させることを目的としています。そのため、秀吉の動向を相手に知らせ、相手が有利に服属できるようはからったりもしています。

ただし、後北条氏滅亡以後は、下野・常陸・安房の大名に対して増田長盛が取次にあたり、特に常陸の旧族大名佐竹氏に対しては、石田三成と増田長盛が取次にあたるというように、秀吉の奉行クラスの者が取次にあたる動きが出てきます。

浅野長政による「取次」

こうした秀吉の奉行クラスの者の「取次」に関しては、秀吉が命じることによって行われています。それを示す典型的な史料は、次の浅野長政宛て秀吉判物です（『大日本古文書浅野家文書』三二一号文書)。

【釈文】

甲斐国之事、令扶助之訖、全可領知候、但此内壱万石、為御蔵入、令執沙汰、可運上候、并羽柴大崎侍従（伊達政宗）、南部大膳大夫（信直）、宇都宮弥三郎（国綱）、那須太郎（資晴）、同那須衆、成田下総（氏長）守事、為与力被仰付候之條、成其意、可取次候也、

文禄弐[*1]
十一月廿日　（秀吉花押）

浅野弾正少弼（長政）とのへ
浅野左京大夫（幸長）とのへ

【現代語訳】

甲斐国を与える。きちんと領知せよ。ただし、この内の一万石は、秀吉の御蔵入として管理し、年貢を上納せよ。また、伊達政宗、南部信直、宇都宮国綱、那須資晴、同那須衆、成田氏長を与力として付けるので、そのつもりで取り次ぐようにせよ。

秀吉が、甲斐国を長政に与え、仙台の伊達政宗、盛岡の南部信直、宇都宮国綱ほかの北関東の大名を与力として付属させ、彼らとの間を取り次ぐよう命じたものです。「可取次候也」という言い方は、秀吉が「取次」を命じたことを示しています。「申次」が相手に対してへりくだった言い方であるのに対し、「取次」は上から命じた言い方だと言えます。天下人である秀吉が、「取り次げ」と命じているわけです。

この文書では、「取次」は「取り次ぐべく候」と動詞として使われていますが、別の者には、名詞でも使われます。たとえば、「陸奥守前後悪逆事」（『大日本古文書　小早川家文書之二』五一二号文書）で秀吉は、佐々成政について次のように言っています。

【釈文】

天正拾弐年、柴田（勝家）殿下（秀吉）へたいし謀反あひかまへ、（中略）あたまをそり可被刎首由申候て、走入候間、かうべをもはねさせられす、如先々越中一国被下、飛驒国取次迄被仰付候事、

【現代語訳】

天正十二年、柴田勝家が秀吉に対して謀反を企んだ時、（中略）成政は剃髪し、首を刎ねてくださいと秀吉のもとに走り入って来たので、首も刎ねず、それまで通り越中一国を与え、飛騨国取次までを命じた。

秀吉自身が、成政に「飛騨国取次」を命じたと述懐していることが注目されます。このように「取次」は、秀吉に命じられて行う職務だったのです。

＊1　日付の右に小さく「文禄弐」と書いているのは、発給者が記入した「付年号」である。知行宛行を証明する文書であるため、年号が書かれる。

島津氏への「取次」

これは、大名の方も自覚しています。たとえば、薩摩の島津氏に対して、天正十四（一五八六）年頃から細川幽斎（長岡藤孝）と石田三成が取次として動きますが、これについて、島津義久は、「薩摩取次之事、幽斎老・石治少老にて候由、無其隠儀候」、すなわち「薩摩取次」が幽斎と三成だということは、誰でも知っている、と言っています。別の箇所では、幽斎と三成が「薩摩取次」だから、秀吉の別の奉行からの命令は、この二人に願って了承を得れば撤回させることができる、とされています。「取次」が、秀吉とのルートを保証する大名の命綱だったことがわかります。

しかし、逆に「取次」は、大名に対してさまざまな要求も行います。それが果たせない時は、大名の政治にまで口を出していきます。たとえば三成は、島津氏が秀吉から命じられる役儀を満足に果たせないことは「取次」である自分の面目を失わせることだとして、直接「国の置目あつかひの事」に口を出さざるをえない、と内々に告げています。

島津氏は、朝鮮出兵に際し、軍勢を調達できず、遅陣したうえ、義弘がわずかの供を連れて賃船で朝鮮にわたる、という失態を演じます。しかも、配下の梅北国兼が出兵に反対して一揆を起こす、という事件も起こっていました。このままでは、島津家の滅亡が近いと危機感を感じた義弘は、島津領に検地を実施してくれるよう三成に依頼します。文禄三（一五九四）年九月から半年ほどかけて三成による島津領太閤検地が実施され、それまで二十二万四千七百四十五石だった島津家の石高は五十六万九千五百三十三石となり、義久の蔵入地が二万七千石から十万石へ、義弘の蔵入地が一万二千石から十万石へと飛躍的に増加しました（拙著『島津義弘の賭け』読売新聞社、一九九七年、現在は中公文庫に所収）。「取次」の三成は、島津氏の大名権力の強化を通して、豊臣政権下の大名として秀吉が要求する軍役を果たさせるための改革者の役割を果たしたのです。

◎伊達政宗の絶交状

関ヶ原の戦いの時、義弘が三成率いる西軍に付いたことでもわかるように、三成は最後まで島津氏に対する影響力を持ちますが、伊達政宗は浅野長政の態度に我慢ならず、文禄五（一五九六）年八月十四日付けで書状を送り、絶交を宣言します。この政宗の書状の案文が伊達家の文書に残されています（『大日本古文書　伊達家文書之二』六七五号文書）。

この文書を見ると、長政が政宗に対していかに大きな影響力を持ったかがわかります。全文を紹介したいのですが、長文なので最初の箇条だけを紹介します。

【釈文】

一、壱両年以前、我等知行故なく　上意へ進上可申由、御異見候間、貴殿御事ハ御指南と申、萬事頼入候条、いか様之事成共、御異見不可相背候へ共、　上意御重恩（てうおん）

共数度(と)蒙(かうむり)、一代之内、是非共御奉公と存詰候ても、知行ヲ指上、歩はたし之躰にてハ、何と存候ても、御奉公弥々届申間敷候、され共知行指上□(候事カ)可申謂(イワレ)候へハ、不及是非候処ニ、何を以其砌知行進上可申哉と申候へ共、頻(シキリ)ニ種々被仰候間、餘(あまり)不審ニ存、扨ハ　上様御内證も候哉と分別仕、左様ニ取詰仰候上ハ、ともかくもと申候処ニ、しからは其存分ニ折紙仕候へと承候間、何とて我等心中より存よらさる事を書可申候哉と申候へ共、貴殿御異見合点申上ハ、是非共と、無理ニか、せ御取、于今無御返候、其文御手前ニ被留置候、右之儀聚楽(じゆらく)ニ而、金五殿(小早川秀秋)へ御成之時、与風御披露之由承候、雖然　上様忝キ御塩味を以、身上無異儀候つる事、

【現代語訳】

一、一、二年前、私の知行を理不尽に上様へ進上するようにと御意見がありましたので、貴殿は私の御指南でもあり、万事頼み入っておりますので、どんな事であっても御意見には背くべきではありませんが、上様の御重恩を数度こうむり、自分一代の内にはぜひとも御奉公をと考えても、知行を進上し、徒裸足のありさまでは、どう考えても御奉公することができないと思います。しかし、知行をさし上

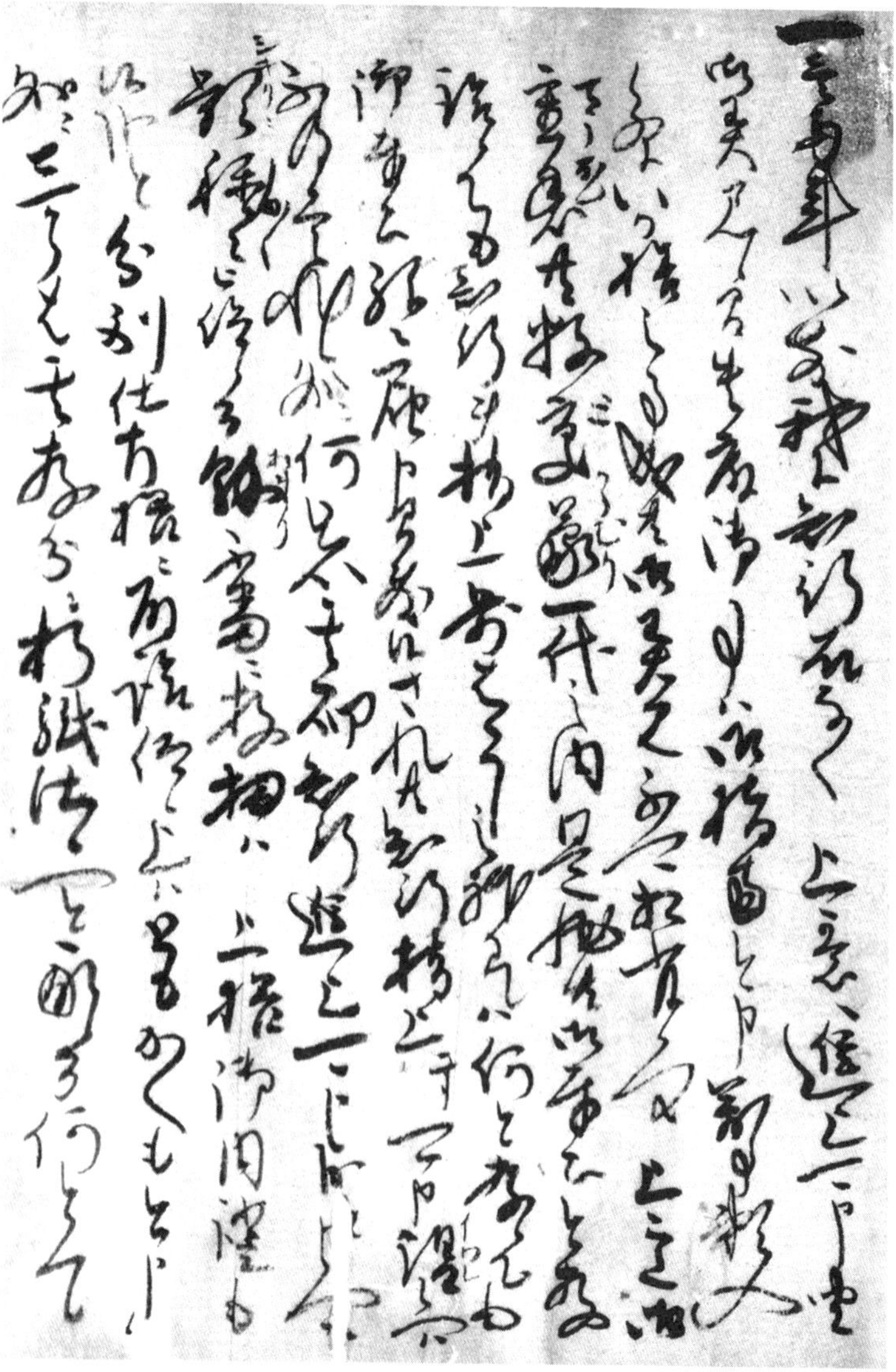

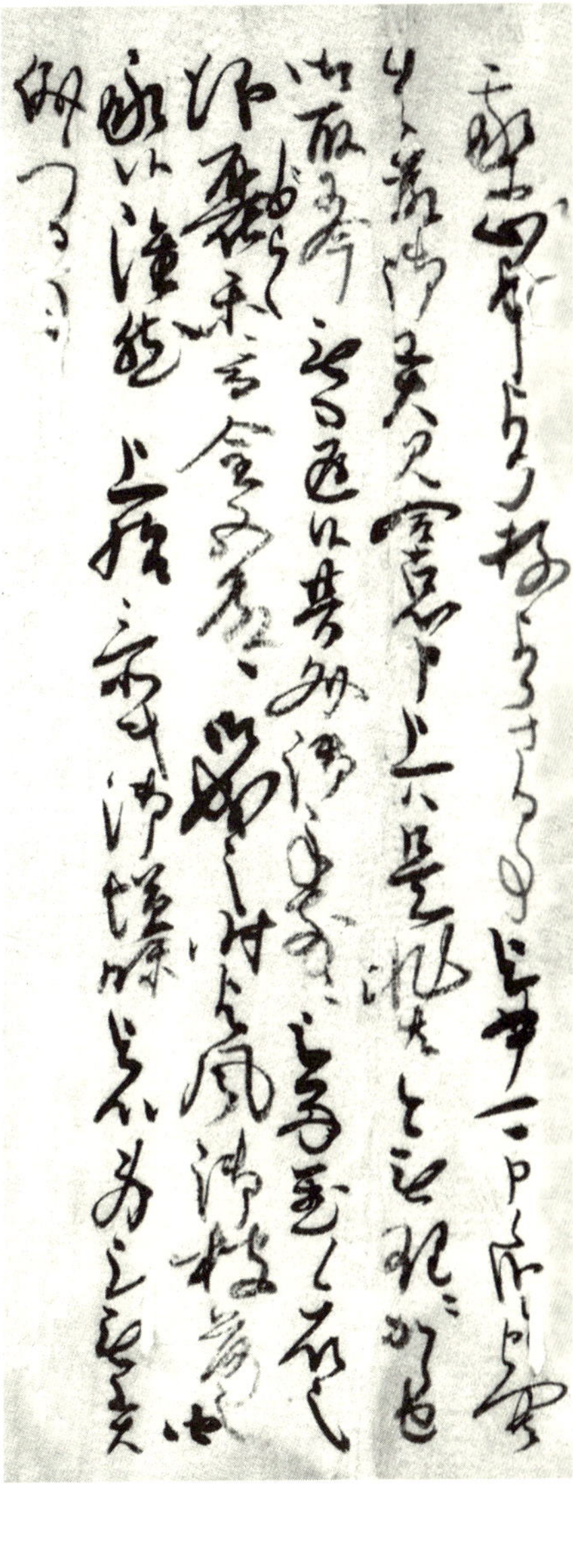

（天理大学附属天理図書館所蔵）

げなければならない心当たりがあれば仕方がありませんが、どうして、その時知行を進上しなければならないのですかと尋ねましたが、しきりにいろいろと仰せられ、あまりに不審に思ったので、「さては上様の御内々の指示もあるのかもしれない」と分別し、「そのように取り詰めて仰せられるのでしたら、ともかくも」と申したところ、「それならばその気持ちを書状に書いてください」と言うので、

「どうして自分が本当に考えていないことを書かなければならないのでしょうか」と申しましたが、「私の意見に合点したのなら、ぜひとも」と無理に書かせて取り上げ、いまだに返してもらえず、その書状は長政殿のことろに留め置かれています。この件は、聚楽で小早川秀秋殿へ上様が御成した時、ふと御披露されたということを承りました。しかし、上様のかたじけない御厚意で、私の身上には別状ありませんでした。

政宗と長政の発言まで入った複雑な文章なので、鍵カッコを使って訳してみました。緊迫したやり取りが目に浮かぶようです。このような文章が理解できるようになると、歴史もますます面白くなります。

秀吉直書と政宗書状を対照すると、秀吉の文書に「可取次」とあった職務は、政宗からは「御指南」と認識されていたことがわかります。「取次」ではなく「御指南」と呼ぶ理由は、政宗が長政の与力とされたからでしょう。政宗は、貴殿が「御指南」だから万事を頼み、逆にどんなことでも御指示に従う、と言っています。「指南」が、非常に意味のある、実体を持った言葉であることは明らかです。

その権力の源泉は、政宗がいみじくも言っているように、指示する内容が「上様御内證も候哉」と思われたことがあります。取次行為は、秀吉の内意を受けて動いているものと認識され、そうでない場合も、取り次ぐ相手の意に染まない行動をとれば、それはそのまま秀吉に披露されてしまう、という恐怖感があったはずです。

これが政宗の嘘でないことは、『浅野家文書』に、政宗が提出したとされる文書があります。次のようなものです（『大日本古文書　浅野家文書』六六号文書）。

【釈文】

以上

為書札申入候、直談御物語如申候、今度も　上様御芳恩を以、身上無相違、結句ニ御懇（ねんごろ）之　御諚（ごじょう）候、是非可申上様無御座候、我等一代ニ御恩共可送申分別無之候間、唯今拙者知行之通、皆以致進上、御小姓なミニ被召遣候様ニ被仰上可被下候、心中之通直ニ申候條、不能細筆候、恐惶謹言

（天正十九年）
十月四日　　羽柴大崎侍従
正（ママ）宗（花押）

【現代語訳】

手紙で申し入れます。直接お話したように、今度も上様の御芳恩で身上相違なく、最後は御懇切なお言葉をいただきました。何とも申し上げようもございません。私一代の間にこの御恩に応えようがありませんので、現在の私の知行をすべて進上いたし、上様の御小姓なみに召し使っていただくよう仰せ上げてください。私の考えは直接申しましたので、詳しくは書きません。恐惶謹言

宛所はありませんが、切封の上書（うわがき）に、「浅弾正少様人々御中」とあるので、長政に宛てた書状であることは確かなようです。政宗が、秀吉の懇切な言葉に感激し、自発的に知行を進上しようとしているように読めます。

もし、『伊達家文書』が残されておらず、『浅野家文書』だけが残っていたとしたら、この文書だけが一人歩きし、政宗が知行を進上しようとした、と考えられたかもしれません。しかし、その実体は、長政が嫌がる政宗を説得し、この文書を書かせたのです。関連史料が残ることがいかにありがたいかがわかります。

「取次」に期待された役割

この後、政宗は、九ヶ条にわたって長政に恨みを述べています。朝鮮出兵での理不尽な指示のこと、秀次事件の時、長政の上洛が遅れたのを自分のせいにしたこと、秀吉の糾明を受けた時に自分を見捨てたこと、自分と仲の悪い者に懇切にしていること、などです。

特に八ヶ条目では、自分の家来が木下勝俊に討たれ、長政に処理を頼んだところ何もしてくれず、世間の外聞を失い、家来を召し使う示しもつけられなくなった、と抗議しています。外聞を重んずる武士だけに、理不尽に家来を討たれ、それに何の行動もできないことがいかに面目を潰すものであったかは理解できます。

政宗は、長政がこのような態度をとり続けるなら、自分や自分の子供が長政の指南を頼んでも、一日でさえやっていけない、何につけても頼もしくない、と責めます。逆に言えば、「御指南」であるなら、困った時に援助し、立場が悪くなっていると思えば取り成すべきだ、と言っているわけです。大名側が、指南に期待したことがどこにあるかよくわかりますし、そのような行動もすることを裏付けに、指南は大名に対して大きな権力を持つことができたのです。

九ヶ条目の最後は、次のように結んでいます。

【釈文】

自今以後者、貴殿へ参事も、又申入事も、一切可相止候、尤御指南頼入間布候、御尋も候はゝ、右之條々、上意迄も披露仕へく候、恐々謹言

【現代語訳】

今後は、浅野殿へ参ることも、申し入れることも一切止めます。また、御指南も頼みません。もしお尋ねがあれば、ここで書いたことを秀吉様へ披露していただいてもかまいません。恐々謹言

もう指南も頼まない、と言い切っているのです。まさに長政に絶交を宣言する覚悟の書状だったのです。

石田三成も浅野長政も、この頃には豊臣政権の奉行として、誰もが認める存在でした。その二人が、奉行としての職務のほかに、「取次」としての行動をとり、それが大名からも期待されていたことがわかります。これは、大名の方に都合がいいことばかりではなく、

豊臣政権の方針を大名に強制することがあったことは言うまでもありません。しかし、大名としては、いきなり譴責されて領地を失うよりは、「取次」から意見されて、行動や領内政治を改めた方がはるかによかったのです。

私の「取次」論は、奉行の立場でありながら「取次」の論理での行動があった、という発見をもとに、豊臣政権の「取次」は、戦国時代の交渉役としての「取次」の性格を変化させ、豊臣政権の公的な制度として運用されたものだった、ということを主張したものです。

その主張は、認められているようですが、その後の議論は、個々の「取次」の性格を無視して、誰が誰の取次だったか、という形で進行していき、私の説のもっとも重要な部分にはあまり言及されませんでした。これは残念なことでもあります。次章では、その後の研究の流れについて述べ、私の考えを明らかにしていきましょう。

第2章

「御取次之筋目」とはなにか

「取次」という視点の有効性

豊臣政権の大名統制機構としての「取次」という発想は、多くの研究者の支持を得て、現在でも「取次」をめぐって多くの論文が書かされています。「取次」提唱者としては、ありがたい限りだと思っています。

たとえば、「取次」をめぐって論文を量産している津野倫明氏は、次のように書いています（「豊臣政権の「取次」蜂須賀家政」『戦国史研究』第四一号、二〇〇一年）。

すでに「取次」は、豊臣政権研究にとって不可欠の考察対象になったといってもよい。当該期の政治史研究に斬新な視点を導入した点で、山本氏の研究は高く評価すべきであるが、ただ「取次」を「制度ではなく慣習」とみる田中誠二氏の研究が痛烈に山本説を批判したことが象徴するように、いまだその定義にすら検討の余地が残されており、以後の研究に少なからぬ混乱が生じている事実も否めない。

「少なからぬ混乱」の要因には、津野氏自身の論文や、津野氏も触れられている田中誠二氏の論文（「藩からみた近世初期の幕藩関係」『日本史研究』第三五六号、一九九二年）の存在があると思います。

私は痛烈な批判だとは思っていなかったので、そのままにしていましたが、それが混乱を呼んだのだとしたら申し訳ないので、ここで答えておきましょう。

第一の論点は、「取次」の語義で、田中氏は、下から上へ「取り次ぐ」のが基本だ、としています。『日葡辞書』の「トリツギ、グ、イダ」の項を根拠としてあげていますが、浅野長政宛て秀吉朱印状でわかるように、秀吉は、下の言葉を上へ取り次げと命じているのですから、「取次」が上から設定された制度であることと何の矛盾もありません。

第二の論点は、「取次を大名の側が選び、依頼し、相手が請けて関係が成立する事例、取次に擬せられた側が請けない事例があること、また、大名の側が請けない事例があること、また、大名の側が取次を乗り換えたり、取次に絶交を宣言したりする事例があること」をあげ、これが私の説の「アポリア（解決できない難問）」となる、と批判しています。

しかし、田中氏が分析しているのは、ほとんどが江戸幕府での話です。取次に絶交を宣言したというのは、私が紹介した政宗と長政のことですが、これは政宗が我慢できずに行った捨て身の行動ですから、「取次」や「指南」という存在が公的に認められていたことを示しており、むしろ私の説を補強するものです。どうして「アポリア」になるのでしょうか。

第三の論点は、「取次は制度ではなく慣習である、ということである。（中略）取次という慣習の根底にあるものは、知音関係である」という主張です。どうもこれが、私に対する批判と思われて、他の研究者に少しばかり受け入れられているようです。

しかし、木下藤吉郎時代の秀吉が行った毛利家との「申次」も、信長が秀吉に命じて行わせたものです。両者に知音関係はありません。また、「取次という形式そのものが、広汎に存在する慣習である」ことは、議論の前提を述べているにすぎず、豊臣政権においては「取次」とされた人物が、大名を強力に統制したほか、豊臣政権下の大名にふさわしい権力を確立させるための後見人としての役割も果たした、ということが私の主張です。これは、外交交渉を行う戦国時代の「申次」とは、まったく段階が違うものです。なぜ、こうした筋違いの批判ができるのか、私には理解できません。

江戸幕府になると、すでに豊臣政権下において成立した人間関係をもとにさまざまな取次関係が成立してきます。そこから分析すれば、知音云々というような田中氏のような議論も成り立つように見えるのでしょう。しかし、それこそ混乱した議論です。

もし、豊臣政権の「取次」が、知音関係をもとにしていたというなら完全に誤りです。たとえば石田三成は島津家への取次と認められ、島津家の依頼を受けて島津領太閤検地まで行っていますが、三成と義久・義弘がもともと知音であった、というようなことをまさか主張されるわけではないでしょう。

毛利氏との「取次」

津野氏の論文についても、検討していきましょう。津野氏の場合は、おもに毛利氏との「取次」を事例に、私の説を批判しています。

羽柴時代の秀吉と毛利氏領国との外交交渉には、毛利氏側の担当者が安国寺恵瓊と林就長、羽柴側の担当者が蜂須賀正勝と黒田孝高であったことが知られています（岩澤愿彦「越相一和について―「手筋」の意義をめぐって―」『郷土神奈川』第一四号、一九八四年）。

この正勝と孝高が、どのような「取次」であったかどうかが、問題になるのですが、これは史料の読み方に関わるものなので、少し詳しく見ていきましょう。

少し長くなりますが、まず津野氏の私への批判（「豊臣政権における「取次」の機能」『日本歴史』第五九一号、一九九七年）を引用しておきます。

山本氏は毛利氏に対する「取次」について、以下のように述べている。

毛利氏に対しては、秀吉が織田信長の部将であった頃から小早川隆景を介して書状を送っていたから、とりたてて「取次」はいない。しいてあげれば、秀吉が関白になった頃から弟の秀長が、取次的役割を果たしているぐらいである。

しかし、この見解に対しては即座に次のような反証をあげることができる。

史料A　年月日未詳吉川広家自筆覚書案（抜粋）

一　太閤様御時、黒田如水（孝高）ハ中国取次候故、以其手筋、右之段少（ママ）もを黒筑州（黒田長政）へ
へ（ママ）以飛脚申遣候へハ、其返事ニ　大御所様（徳川家康）御書相添、甲州（黒田長政）より飛脚被指返、
于今所持候事、

（中略）

史料B　（慶長五年）一〇月四日付黒田孝高自筆書状〈吉川広家宛〉（抜粋）

一　先年より隆景・元春申談、彦右衛門（蜂須賀家政）・拙者中国之儀御馳走申、其続貴殿・隆景無御忘却候、残衆者、備前中納言（宇喜多秀家）同前之御覚悟候き、雖少身候、林肥前者（就長）、先年之筋目無忘却通、去年於京都拙者ニ申理候、

（中略）

史料C　慶長一九年一一月一一日付け吉川広家覚書（抜粋）

一　太閤様へ中国より奉得御意候儀、最初黒如水（黒田孝高）・蜂彦右（蜂須賀家政）以御取次之筋目、万事得如水御指南申候、（後略）

ここには、毛利氏などが秀吉の「御意」を得る場合、孝高・家政が「取次」となり、その筋目にもとづいて孝高が万事を「指南」したとある。「取次」両人は、大名から秀吉への上申を取り次ぎ、また、秀吉の意思・命令を彼らに伝達していたのであり、孝高についてはさらに大名に対する「指南」もしていたことがわかるのである。

史料A〜Cは、ともに『大日本古文書　吉川家文書』から引用されたもので、Aが九一

六号文書、Bが一五四号文書、Cが九一八号文書です。

これらの史料は、関ヶ原の戦い後、広家が、自分の立場を家康に説明するために書いたものです。家康に通じるため、かつて「取次」の「手筋」だった孝高を頼ろうとしたのであって、秀吉存命中のことではないことに注意する必要があります。豊臣政権の「取次」を論じるにはあまり筋のよい史料ではありません。

孝高らが行った「取次」の任務とは、戦国時代以来行われた武将による外交交渉のことで、私が豊臣政権の大名統制機構として提示した政権の中枢メンバーとしての「取次」の任務とは違います。それは、何より津野氏が引用された史料がよく示しています。

これは、たいへん重要な問題を含んでいますので、詳しく検討していきましょう。なお、孝高が如水と号するのは文禄二（一五九三）年のことですが、ここでは孝高で統一します。

◎「取次の手筋」ということ

順序は逆になりますが、まず史料Cの解釈から見ていきましょう。この史料は、慶長十九（一六一四）年というかなり後になってのもので、しかも吉川広家が自己の「身上」を改善させるために幕府へ上申した文書の中にある記述です。

津野氏は、「最初黒如水・蜂彦右以御取次之筋目」の部分を、「孝高・家政が「取次」となり、その筋目にもとづいて孝高が万事を「指南」していた」と解釈しています。しかし、「蜂彦右」は蜂須賀正勝ですから、子の家政と考えるべきではありません。正勝は、天正十四（一五八六）年に没します。「最初」というのは、その頃まで、正勝が孝高とともに毛利氏との間を取り次いでいたと解釈すべきです。*2 史料Bでも、孝高が「彦右衛門・拙者中国之儀御馳走申」と書いています。正勝没後、取次の務めは家政には引き継がれず、木下吉隆や浅野長政が奏者として登場します。孝高は、その両人とともに毛利氏との間を取り次いでいます。

史料Aではどうでしょうか。津野氏が引用した史料は意味が通りません。原本を見ると、広家の自筆覚書案は、次のように抹消（傍線部）と書き足しが併存した文書です。

【釈文】

太閤様御時、黒田　ハ以来対中国取次候故、以其手筋、右之段

一、我等事、如水次第申談半之事候間右之段輝元少も不被存寄處を、安国石治少大形

を　筑州へ

少ニ被催立安国寺計を以悉皆如此成行候段黒甲州へ以飛脚申遣候ヘハ、其返事ニ

大御所様御書相添、甲州より飛脚被指返、于今所持候事、

津野氏は、抹消されてない部分だけをつなげて引用しているので、意味が通らなくなっています。「黒田如水ハ中国取次候故、以其手筋」は書き加えた部分で、もともとは「以来対中国取次候故、以其手筋」と書き、さらに「以来」と「対」を抹消したものです。

この史料から、孝高が「中国取次」だったと断定していいのでしょうか。広家は、最初、「以来、中国に対し取次候故」と書いており、「候」という一字が残っていますから、「黒田如水は、中国を取り次いでいた」と、「取次」は動詞として解釈すべきで、「中国取次」という役職として理解することはできません。

さらに、「以其手筋」の解釈が重要です。「其手筋」とは、孝高・正勝の手筋ということで、外交交渉のルートを意味しています。九州攻めまでは孝高が小早川隆景への連絡にあたっていますが、あくまで連絡にあたっているというだけで、大名権力の内部にまで立ち入って指導を行う「取次」ではありません。

これを考慮して史料Aを解釈すると、「太閤様の時代、黒田如水は中国＝毛利家とのあいだを取り次いでいたので、その手筋を頼んで」ということになります。津野氏が、如水

が「中国取次」だったとするのと、ずいぶん違ってきます。蛇足ながら、「太閤様」というのは、後に成立した史料だからそう書いているだけで、豊臣政権期を通してのことではありません。

史料Cの「筋目」は、この「手筋」を言い換えたものだと理解することができます。つまり、「取次」であった「筋目」が慶長五（一六〇〇）年まで残っていた、と解釈するのは適当ではなく、孝高が「御取次之筋目」であった、ということです。すると、史料Cの解釈も、「太閤様へ中国＝毛利家から何かお伺いする場合、最初は孝高が御取り次ぎの筋目＝手筋でしたので、万事、孝高の御指南を得ていました」ということになります。この場合の「御指南」は、豊臣政権下のものではなく、家康に寝返る相談のことです。

取次の「手筋」なら、戦国時代によくあったように、孝高が毛利氏のために「御馳走」したという記述もよくわかります。交渉にあたる部将は、相手のために尽くすことによって、良好な関係を築こうとするのが普通だったからです。[*3]

＊2　毛利氏と蜂須賀正勝との関係については、次の毛利輝元書状（大阪城天守閣所蔵）がある。
今度和睦之儀、秀吉申談本望候、殊天下事被属御勝利之段、尤珍重候、彼是以都鄙之大慶此節候、

弥長久可申承候、仍太刀一腰・銀子百枚進之候、誠表御祝儀斗候、猶任安国寺西堂口上候、恐々謹言

七月十八日　　　　　　　　　　輝元（花押）

蜂須賀彦右衛門尉殿
御宿所

「和睦」とは秀吉と毛利氏の和睦で、「天下事被属御勝利」は秀吉が明智光秀を討ったことを言うものだから、天正十年のものと確定できる。輝元にとって、秀吉との取次は、安国寺恵瓊ー蜂須賀正勝のルートだったのである。なお、豊臣秀長の役割については、私の指摘を受けて、播磨良紀氏が秀吉「名代」として分析を行っている（「豊臣政権と豊臣秀長」三鬼清一郎編『織豊期の政治構造』吉川弘文館、二〇〇〇年）。確かに秀吉の弟という地位からすれば「名代」という概念は納得できるところである。

＊3　蜂須賀家政も、同様である。津野氏が引用している『佐々部一斎留書』という史料に、「木津え御着の後、蜂須賀蓮庵態参られ、先年秀吉公え御取次の手筋を以て、輝元公え御入魂の御異見候」とあるのは、家政が父正勝の時に持った毛利氏との関係を持ちだして、輝元の説得にあたろうとしたのだと考えられる。

奉行衆による「取次」の独占

以上、「取次」という役職の「筋目」がずっと続いているというような解釈は成り立たないことを述べてきました。これらの史料からは、孝高が毛利氏との間に立って取次を行

ったことがあったことはわかりますが、広家が言っているだけのことですし、「中国取次」という役職があったとすることはできないのではないでしょうか。

天正十五（一五八七）年七月、豊前国に六郡を与えられた孝高は、地理的には毛利氏の取次を行う位置ではなくなりますが、その後も毛利氏とは特別な関係を保っています。

天正十九年十二月八日付け毛利輝元宛て朱印状（鷹野見舞いへの返礼）では、孝高と木下吉隆が副状を発給し、文禄二（一五九三）年四月二十八日付け毛利輝元宛て秀吉朱印状（輝元が煩ったことを聞き、秀吉が養生のため医者を遣わすことを告げたもの）では、孝高と浅野長政が副状を発給しています（『大日本古文書　毛利家文書之三』八六六・八九三号文書）。また、吉川広家へは、天正十八年、小田原攻めの時、軍中見舞いへの返礼である秀吉朱印状で、孝高が単独で副状を発給していることが見え（『大日本古文書　吉川家文書之二』七三七・七四〇・七四一号文書）、文禄元年十月二十八日付け秀吉朱印状（高麗鷹進上への返礼）でも、孝高が副状を発給しています。文禄二年頃までは、孝高が、毛利家や吉川広家からの見舞いや進上の取次を行っていたことがわかります。

しかし、その後は、石田三成・増田長盛・大谷吉継らによる副状発給が主流になり、孝高と毛利家・吉川家との関係は、文書の上ではなくなります。その原因は、津野氏が引用している史料（史料Cの後略部分）に見えています。

【釈文】

然者、右両人近年御奉行衆与半御座候ニ付而、我等身上之儀不達　上聞候事、

近年、奉行衆と孝高らの仲が悪くなったので、広家の「身上之儀」が秀吉に取り次いでもらえなくなった、というのです。「身上之儀」とは、同じ史料に書いている次のようなことを指します。

①五年間伏見にいた娘が、三成が計らってくれなかったため秀吉に御目見得できなかった。

②伏見の広家邸への秀吉御成を三成に依頼したのに成就しなかった。

③秀吉の御遺物が広家にも与えられていたのに、三成が失念していてあやうく拝領できなかった。

この部分から見て、広家は、孝高ではなく、三成に「取次」を頼んでいたことが推測できます。孝高は、文禄二（一五九三）年以降、「取次」の地位を奪われ、広家が秀吉への取

次を依頼するとすれば、三成しかいなくなったのでしょう。

津野氏によれば、毛利氏に対しても、三成・正盛が「取次」として当主輝元の権力強化を促進する政策をとっていたということですから、「取次」の権限が秀吉側近の奉行に集中していくという私の見通しは補強されることになります。

また、津野氏は、「(山本)氏は豊臣政権の大老のもとには「取次」は存在しなかったと考えたため、肝心の大老層がせっかくの視点から抜け落ちてしまうという自家撞着に陥った」(「豊臣~徳川移行期における「取次」」『日本歴史』第六三四号、二〇〇一年)とされています。しかし、これは誤解です。豊臣政権が設定した奉行の「取次」を受けない大老層は、大大名連合を本質とする豊臣政権の中心的な構成メンバーであり、「取次」を介することなく直接秀吉に物が言え、秀吉もその地位を認めていた、というのが私の考えです。難しい言葉で言えば、豊臣政権下の大名の重層的な構造を提示した、ということです。

言うまでもありませんが、これは理念的な話であって、秀吉朱印状の副状を発給する者がいたとしても、この議論が崩れるわけではありません。そして、そういう大名でさえ、時期によっては三成や正盛の「取次」権力に頼ることがあったとすれば、政権の中心メンバーとしての「取次」の役割の重要性がわかります。これについては、第3章で考察していきます。

◎関東・奥羽への「取次」

次に、関東・奥羽の大名に対する家康と秀吉側近の富田知信について見ていきましょう。片山正彦氏は、関東方面の「取次」について、秀吉の「御朱印」が発給された者とそうでない者とは区別する必要がある、として、家康は「取次」ではなく、富田は、次の史料から「取次」をさせることができる対象である、としています（「天正後期秀吉・家康の政治的関係と「取次」」『日本歴史』第七二一号、二〇〇八年）。

その中心的な史料として、片山氏は、次の卯月六日付け白川義親宛て富田知信書状（『福島県史』七、所収）を引用しています。

【釈文】

（前略）然者関奥諸大名、若至被成言上者、我等御取次之儀、馳走可申之段、被仰付候間、以使者申定候、急速御使於被為指上者、御書已下申調可進之候、此外随身之御用等蒙仰候者、涯分可走廻候、（後略）

片山氏は、この史料を天正十六（一五八八）年のものと推定した上で、次のように解説しています。

（前略）関東と奥羽・陸奥の諸大名は、もし秀吉に対し言上なされることがあれば、「我等」が「取次之儀」を馳走するように仰せ付けられており、急ぎ使を上洛させれば（秀吉の）「御書」以下を調え進呈し、これ以外に仰せをこうむれば身を賭して奔走しましょうというのである。

「我等」は史料の性格上、発給者である富田と同格・同僚、あるいは格下・配下の者であると考えられる。したがって「我等」は、大名である家康ではなく、富田を含めた秀吉側近の者を指すと思われる。この史料からは、天正十六年段階で関東方面の「取次」は富田ら秀吉側近の者が行っており、家康を「取次」と考えることはできないだろう。

この解釈は、以下のような点で問題があります。

まず、「御書」は秀吉の書状ではないはずです。富田には秀吉の書状を調える力も権限もありませんし、何より秀吉のものなら「御朱印」と書いたはずです。富田は、白河を領する白川義親が使者をさし上げるつもりなら、自分が秀吉への貴殿の「御書」まで用意しましょう、と言っているのです。

次に、「我等」というのは、当時は「我々」の意味ではなく「私」の謙譲表現ですから、関東の「取次」を富田ら秀吉側近の者だけが行っていた、とは解釈できません。

以上を前提に、先の史料をわかりやすく現代語訳してみましょう。

関奥諸大名が、もし秀吉様に言上なされるつもりになれば、私に取次のことを馳走せよと仰せ付けられましたので、使者をもってお知らせします。急いで御使者を差し上げになるのなら、御書などを作成し、送りましょう。このほか一緒に出頭してくれというのであれば、懸命に尽力します。

つまり、富田は、秀吉から取次をするよう命じられ、服属のための書状の作成やお伴などまでを「馳走」することによって、白川を秀吉のもとへ出頭させようとしているのです。

これは、確かに「取次」の役目ではありますが、戦国時代的な「取次之手筋」の発想です。三成らの「取次」とはずいぶん違います。

このように、富田の書状には、確かに「取次」という言葉がありますが、これは、秀吉が富田に、「お前が取次のことを馳走せよ」と言っただけのことであって、これは従来の「取次之手筋」だったと考えるべきだと思います。私なら、「取次之儀」と「馳走」の間の読点は取ります。

逆に家康は、秀吉自身が関奥の「取次」を命じた上杉景勝に、家康と談合せよと言っているのですから、やはり景勝と同じ程度には「取次」を務める存在だったと考えていいのではないでしょうか。

「取次」のレベル

このように、史料を正確にかつ深く読み込むことによって、ずいぶん多くの情報が引き出せることになります。片山氏が紹介してくれた史料によって、私は、富田が相手の書状の代筆まですることによって白川を秀吉に出頭させようとしていたことがわかり、富田の政治的位置がよくわかった気がしました。

以上、津野氏や片山氏の論文を借りて、史料上に「取次」という言葉があっても、それを誰が使ったか、名詞で使われているか動詞で使われているかで、ずいぶん解釈が変わってくることを述べてきました。「取次」には、秀吉が指定した「取次」を指す場合と、ただ取り次ぎをしたことを示すだけの場合があります。景勝や家康ら大大名と、富田ら秀吉側近では、同じように「取次」と呼ばれていてもレベルがまったく違います。私たちは、これらの点を史料の文脈に即して峻別して理解する必要があるのです。

「取次」概念があいまいなのは、確立した制度を考察しているのではなく、豊臣政権の大名統制の実体を究明するものだからです。実体以前に制度があることはありません。私の指摘通り、天下統一の過程で外交交渉の窓口として設定された「取次」が、天下統一後に制度的な任務として活用されるようになった、と素直に考えればいいのではないかと思います。

第3章

五大老・五奉行制をめぐって

五奉行連署状の初見

五大老・五奉行は、豊臣政権の政治制度として教科書にも出てきます。五大老が、徳川家康・前田利家・宇喜多秀家・毛利輝元・上杉景勝の五人、五奉行は、前田玄以・浅野長政（長吉）・石田三成・増田正盛・長束正家の五人をいうことは周知のことです。

『甫庵太閤記』では、秀吉が関白になった時に設置したとされる五奉行ですが、桑田忠親氏は、五奉行制度が古文書に姿を現すのは慶長三（一五九八）年八月五日、五奉行の成立を、秀吉が病にあった同年七月のこととしています（『豊臣秀吉研究』）。

確かに、五人の奉行が連署して諸事を行うのは、この頃のことですが、豊臣政権の職制を考えた場合、「奉行」職そのものの成立は、もっとさかのぼると思います。

豊臣家の奉行が連署して奉書を発給することは珍しくありませんが、後に「五奉行」となる五人が揃って連署した奉書は、文禄四（一五九五）年六月三日付けの毛利輝元宛てのもの（『大日本古文書　毛利家文書之三』九六六号文書）が最初です。

【釈文】

羽柴會津宰相（蒲生氏郷）跡目之儀、子息靏千世（蒲生秀行）方江無相違被　仰付候処、年寄共知行方之儀に付て、如此不相届儀書付上候条、則　太閤様彼一書ニ被加　御筆　御朱印持進之候、御返事可被仰上之旨候、於様子者、御紙面ニ相見候、恐惶謹言

（文禄四年）
六月三日

長束大蔵太輔
正家（花押）

増田右衛門尉
長盛（花押）

石田治部少輔
三成（花押）

浅野弾正少弼
長吉（花押）
民部卿法印
玄以（花押）

羽柴安藝中納言殿（毛利輝元）
人々御中

【現代語訳】

蒲生氏郷の跡目は、子息の鶴千世方へ間違いなく安堵したが、年寄共が知行方のことについてこのような不届きな書付を提出したので、太閤様がその書付に批判の御筆を加え、御朱印として発給されました。御返事を仰せ上げるようにとのことでした。くわしくは、御朱印の御紙面に書いてあります。恐惶謹言

この豊臣氏奉行連署奉書は、蒲生家の家老三名が浅野長政・前田玄以両名に報告した「会津知行目録」に対して不審をいだいた秀吉が批判を加え、蒲生家を改易し、家老は処罰、

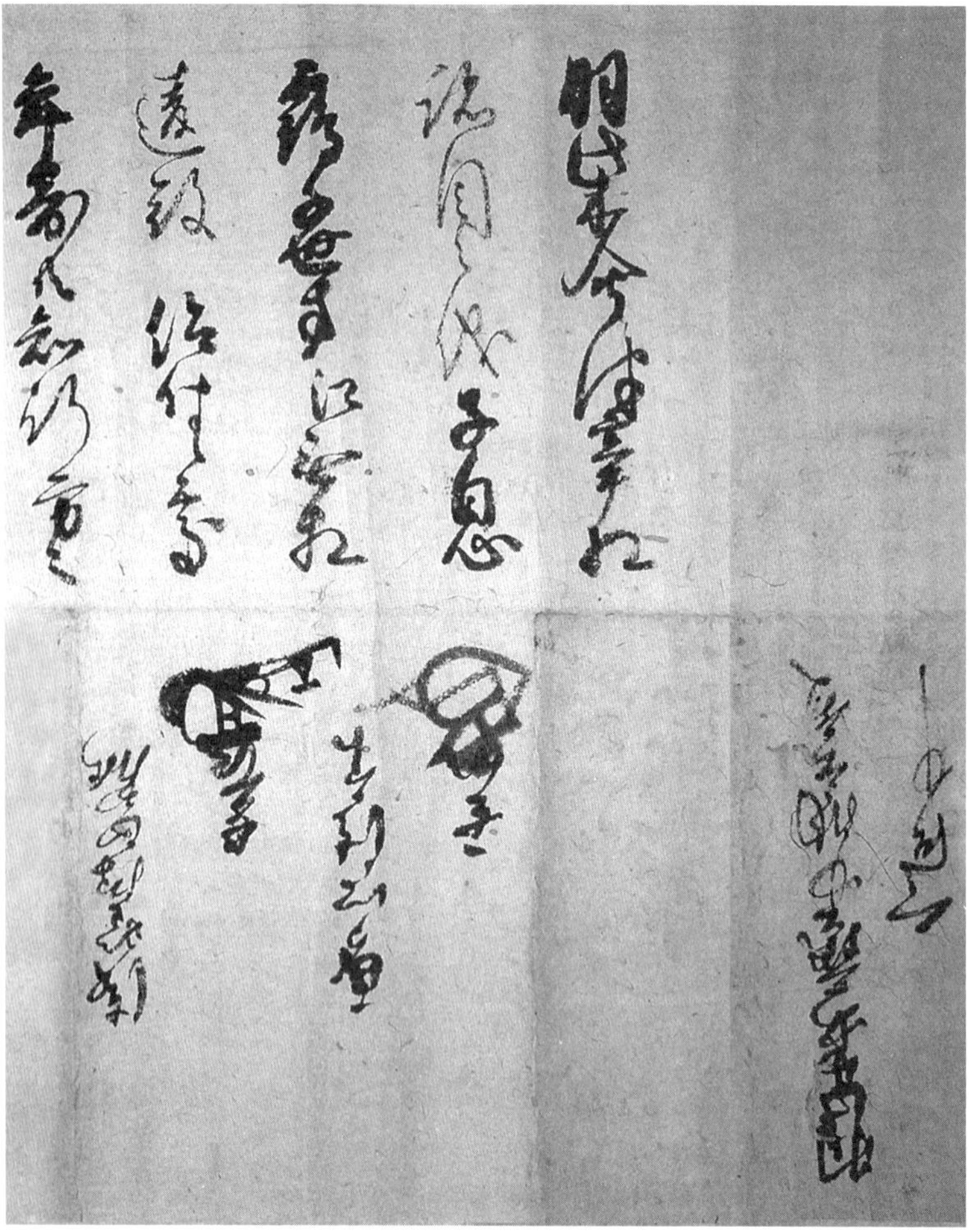

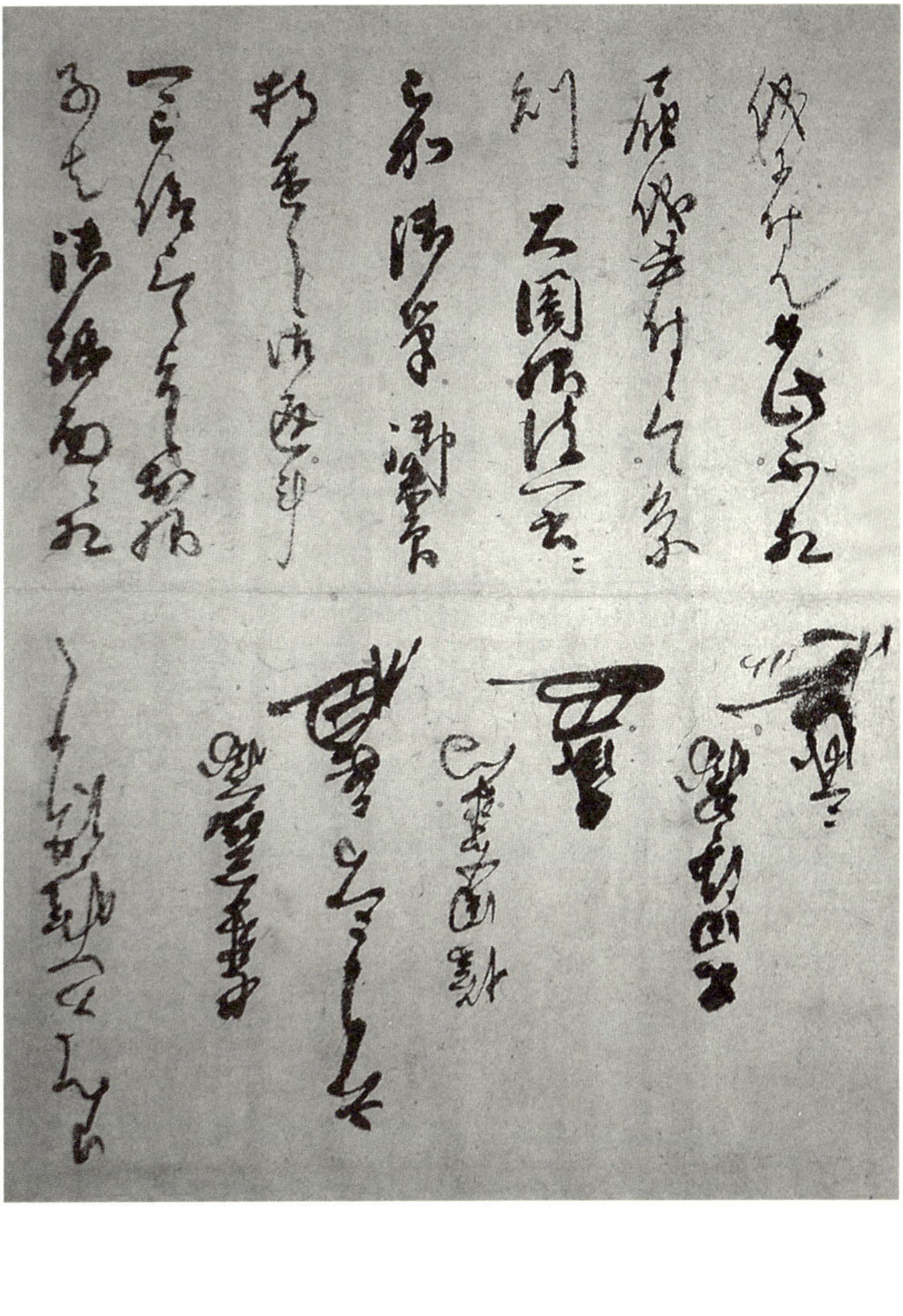

（毛利博物館所蔵）

鶴千世には堪忍分二万石を与えるとした朱印状に付属したものです。秀吉朱印状には、この旨を下々に至るまで周知納得させ、返事をするようにと書かれているので、それを補足して伝えた文書だと考えられます。

蒲生家は、会津七十三万四千余石の石高を誇る信長以来の大大名ですから、それを何の理由もなく改易したのでは、他の大大名が不安に思います。そのため、改易の理由を明示し、納得させることによって自らの処分の正当性を主張したのです。

秀吉は、「此条々惣様法度候間（この条目はすべての大名への法度だから）」と書いています。その重要な朱印状に、五人の連署奉書が付けられたということは、とりもなおさずこの時点で、この五人が豊臣政権の中心的な奉行だったことを示しています。

五奉行への「取次」の集中

桑田氏は、この五人の連署を偶然のものとされていますが、浅野長政を除く四人は、これ以後も連署状を発給しています。これは、文禄四（一五九五）年七月、謀反に問われた秀次に連座して息幸長（よしなが）が能登津向（つむぎ）に流されたため、長政も不安定な立場となり、連署からはずれたのです。ちなみに、それまで秀吉の右筆として朱印状の副状を数多く発給していた木下吉隆も、秀次に連座し、薩摩に流されて死を賜ります。

このため、文禄四年以降は、豊臣政権の中枢メンバーが文書の上からも見やすくなります。長政は、一時離脱しますが、おおむねこの五人が秀次事件以降、豊臣政権の中枢メンバーとして固定していくと考えていいでしょう。

ただし、五奉行は役割において違いがあります。前田玄以は京都および寺社の支配を担当し、長束正家は豊臣家の財政を担当しています。そのほかの三人は、おもに大名に対して秀吉の命令を伝達し、大名の行動を監視することが役目でした。島津家で編纂された「朝鮮入乱の記」(『旧典類聚』東京大学史料編纂所所蔵写本)に、「右五人の輩に職分あり、石田・増田、諸侯の取次」としているのは、彼らが諸大名に対する取次を任務としていたことが、大名側から見ても明らかだったことを示しています。

諸大名が秀吉に服するまでは、秀吉の部将・側近・右筆らが「取次之手筋」として複数のルートから関係を持ちます。しかし、天下統一がなった後は「取次之手筋」は、大名側からは必要とされたかもしれませんが、豊臣政権の方では必要がなくなります。秀吉は、側近の中でも後に五奉行となる三成と正盛に取次を集中させるようにしたのでしょう。豊臣政権の政治全般に関わり、秀吉の命令を諸大名に徹底させるべく行動する三成のような存在は、「奉行」と呼ぶ方が理解しやすいかもしれません。

最初は、それぞれが秀吉に直結していて合議などしていなかったと思われますが、五人の連署状がある以上、集団としての「五奉行」なり「四奉行」なりが次第に姿を現してきた、と言うことができます。もちろん、「奉行」と言っても、個々の大名に対する姿勢は、島津氏に対しての三成のように、「取次」としての行動様式を残しています。これが、私の論文の論点の一つでした。

五大老制の原型

一方の五大老の原型は、秀次事件の直後に出された「御掟」と「御掟追加」に見ることができます。江戸幕府の武家諸法度にも相当するこの二種の法令には、徳川家康・宇喜多秀家・毛利輝元・小早川隆景・前田利家五人の署名があり、写本によっては上杉景勝が加わっています。本来景勝も署名すべきだったのでしょうが、当時、京都におらず、署名しなかったか、署名が遅れたものと考えられます。

これらの大名は、比較的早くから秀吉に従い、他の戦国大名を服属させる際には「取次」の任にもあたった大大名です。秀次事件という危機を乗り切るためには、まさにこれらの大大名が豊臣政権の支えとして結集する必要がある、と考えられたのでしょう。

その意味で、「御掟」と「御掟追加」は、藤田恒春氏の「秀次失脚と言う未曾有の政変と領主的危機に対処するために出された限定法的なもの」（『豊臣秀次の研究』）という解釈が正当だと思います。政治的事件と切り離して、この法を、天皇の存在を相対化した新たな公儀権力の構造を提示したもの、などと評価する人は、何を考えているのだろうかと思います。

このうち、小早川隆景は、慶長二（一五九七）年に没しますので、秀吉が没する段階では家康・利家・秀家・輝元・景勝の五人になります。これらの大大名は、秀吉が盟友とも頼む人たちなので、連絡役として取り次ぐ者は必要だったかもしれませんが、どうしても「取次」を頼まなければ秀吉に物が言えないという大名とは違っていたと考えられます。

「奉行」と「年寄」

五大老・五奉行の呼び方については、一九八九年、当時立教大学の大学院生だった阿部勝則氏が注目すべき論文を発表しました（「豊臣五大老・五奉行についての一考察」『史苑』第四九巻第二号）。史料では、五大老が「御奉行」と呼ばれ、五奉行は「年寄」と呼ばれていた、というのです。

阿部氏が中心的に使った史料は、「太閤様被成御煩候内ニ被為　仰置候覚」（『大日本古文書　浅野家文書』一〇七号文書）です。このうち、第五条と第八条を引用しましょう。

【釈文】

5 一、備前中納言殿（宇喜多秀家）事ハ、幼少より御取立被成候之間、秀頼様之儀ハ御遁有間敷候條、御奉行五人にも御成候へ、又おとな五人之内へも御入候て、諸職おとなしく、贔屓偏頗なしに御肝煎候へと、被成　御意候事、

8 一、年寄為五人、御算用聞候共、相究候て、内府（徳川家康）、大納言殿（前田利家）へ懸御目、請取を取候而、秀頼様被成御成人、御算用かた御尋之時、右御両人之請取を懸　御目候へと、被成　御意候事、

【現代語訳】

一、宇喜多秀家は、幼少の頃から御取り立てなさったので、秀頼様とは特別な関係ですので、御奉行五人になられるか、おとな五人のうちにお入りになって、政務を

大局的な立場から贔屓偏頗なく見るように、と仰せになりました。

一、年寄五人で豊臣家の財政を担当し、決算の書類を家康・利家へ提出し、請取をもらい、秀頼様が成人なされ、財政のことをお尋ねになった時、その両人の請取をお見せするようにと仰せになりました。

これを読めば、五大老が確かに「御奉行五人」と呼ばれ、五奉行は「おとな五人」あるいは「年寄」と呼ばれています。

これを補強するのは、慶長三（一五九八）年八月十一日付けの五大老宛て五奉行連署起請文（『竹中氏雑留書』）です。この第二条には、次のように書いています。

【釈文】

一、今度被成御定、対五人之御奉行衆、不可存隔心候、如何様中説申候トモ、御直ニ御理申入可相澄候、其上切々得御意、秀頼様御為可然様ニ、可奉抽忠功事、

【現代語訳】

今度お定めなされた五人の御奉行衆に対し、隔心は決して抱きません。どのような不穏な噂があっても、それを直接確認して問題が残らないようにします。さらにいつも連絡をとって、秀頼様の御為によいように、忠功に励みます。

三成ら五奉行が、家康ら五大老に宛てた書状の中に、五人の奉行衆に対して隔心を抱かないと書いているのですから、「五人之御奉行衆」が五大老を指すことは明らかです。さらに、慶長五年七月十七日、前田玄以・増田長盛・長束正家の三奉行連署で出された「内府ちかいの条々」にも「五人之奉行衆内、羽柴肥前守事、……」とあり、前田利家の子利長を「五人之奉行衆」の一人としていますから、これも「奉行」が五大老を指しています。

これだけ史料をあげられると、「五奉行」が豊臣家の「年寄」と呼ばれていたと考えざるを得ません。もともと「奉行」は、豊臣家の老臣の役割を果たしていましたから、納得できる結論でもありました。そこで私は、「五奉行」クラスの吏僚派奉行を「豊臣家年寄」と呼び直すこととし、「五人之御奉行衆」は「奉行」とすると誤解を与えるので、「五大老」と鍵カッコ付きで呼ぶこととしました。

「奉行」と呼ぶことの意味

ところが二〇〇三年、國學院大學大学院の特別研究生堀越祐一氏が、阿部氏の論文に対する批判を発表しました（「豊臣「五大老」・「五奉行」についての再検討」『日本歴史』第六五九号）。堀越氏は、まず「五奉行」を「奉行」と呼ぶ史料もあることを提示しました。以下のような史料です。

「五人之奉行と家康半(なか)不和之由ニて……」
（慶長三年）九月二日付け内藤隆春書状（『萩藩閥閲録』巻九九—二）

「五人御奉行衆本結(もとゆひ)ヲ払云々(はらふとうんぬん)」
『義演准后日記』〈史料纂集〉慶長四年正月五日条

「三奉行より之書状、為披見進之(ひけんのためこれをまいらす)」
（慶長五年）七月二十三日付け徳川家康書状（『歴代古案』〈史料纂集〉四四三号）

「今度奉行共逆心之相構付而、内府公濃州表御出馬付て……」
（慶長五年）九月十七日付け福島正則・黒田長政連署状（『大日本古文書　毛利家文書之

三』一〇二三号文書）

これらは、いずれも五奉行ないしその構成員を「奉行」と呼んだことが明らかです。その上で堀越氏は、五奉行を「奉行」とする史料一覧と五大老を「奉行」、五奉行を「年寄」とする史料の一覧を作成し、五奉行を「奉行」と呼ぶのは家康が一番多く、そのほかはおおむね家康の同調者であったこと、五大老を「奉行」と呼ぶのは、ほかならぬ三成ら五奉行であったことを指摘します。つまり、三成らは、自分たちこそが豊臣家の「年寄」であり、家康ら五大老は、秀頼の「奉行」として、単にその命を奉じて執行する機関にすぎないことを暗に主張していた、というのです。

指摘されるまでは気付きませんでしたが、この考えは妥当なものだと思います。確かに黒田長政も、関ヶ原の戦い後、西軍についた大名を「奉行方之者」と呼んでいます（『大日本古文書　吉川家文書之二』一一二六号文書）。

堀越氏の論文の優れた点は、自分たちを「年寄」と呼ぶこと、あるいは相手を「奉行」と呼ぶことに明白な意図があったことをほぼ実証したことです。単なる呼び方の問題としてではなく、呼び方そのものに政治的意味が隠されているということは、史料解釈の上でも重要な指摘だと思います。

もともと五大老・五奉行は、必ずしも学問的な概念ではありませんでした。どちらで呼ばれていても、史料の解釈を誤っている研究者はいなかったので、私は、ただ呼び方の問題だけだと考えて、あまり深くは考えませんでした。「年寄と奉行とは、同じ対象を異なった側面からとらえるにすぎないから、その違いについては意識されずに混用されていた時期があったと思われる」（「豊臣秀吉文書の概要について」『名古屋大学文学部研究論集』史学四四集、一九九八年）と指摘した三鬼清一郎氏も同じような認識だったと思います。

しかし、阿部氏や堀越氏のように呼び方にこだわることによって、豊臣政権内部の暗闘が浮かびあがってくることがわかりました。両氏の論争はたいへん意義のあるものだったと思います。

五大老・五奉行制成立の理由

これを前提にして考えると、五大老・五奉行制は、互いの呼び方すら確定していないいまさに秀吉の死を前にして急遽作り上げたものだったことがよくわかります。

秀吉は、三成らが考えたように、奉行たちが秀頼を支える「年寄」として、五大老を含めた大名の上に立ち、豊臣政権を永続させることを期待していたでしょう。しかし、秀吉が遺言書を書いた時点では、奉行たちに秀頼を支えるだけの力がないこともわかっていました。そのため、奉行たちだけでなく、家康・利家に政権の中心になることを頼み、秀家・輝元・景勝らを加えた大大名の連合政権として秀頼を支える体制になることを期待せざるを得なかったのです。

それではなぜ研究者は、三成らを「年寄」と言わず、「奉行」と呼んできたのでしょうか。これは、三成らが秀吉存命中は「年寄」と呼ばれていなかったことのほか、秀吉の命令を執行する者にすぎず、秀吉に政務全般を任された存在ではなかった、と考えられてきたためではないか、と思います。また、その構成員が文禄年中までは固定せず、「年寄」と呼ぶにふさわしい人物が特定できないこともあったでしょう。

私が「取次」に注目する論文を発表した頃は、秀吉を取り巻く人物に関する研究はほとんどなく手探りの状況でしたが、それ以後、「取次」をキーワードに実に多くの関係論文が発表されました。これによって、秀吉を取り巻く人物の相関関係がずいぶん明確になってきました。今後、その複雑な人間関係を整理し、豊臣政権の政治機構の全体像を、よりはっきりとした形で描いていきたいと思っています。

補講

「直江状」の真偽

◎「直江状」とは？

越後を領した上杉景勝は、慶長三（一五九八）年正月、会津転封を命じられます。会津は蒲生秀行の旧領で、百二十万石もの領地ですが、先祖からの領地である越後を去らなければならなかったことは無念だったと思われます。

越後には、越前から堀秀治・堀直政・村上忠勝・溝口秀勝らが移封しました。秀吉が景勝を会津に移した意図は、北陸筋を豊臣大名で固めるとともに、奥州の伊達政宗への備えとする、ということでしょう。

新領地に赴いた景勝は、秀吉の死を聞き、慶長三年十月、上洛し、伏見に滞在します。そして翌四年八月、会津に帰国します。

翌五年二月、越後の堀氏から、景勝が武器を集め、道橋を作っているという報告があります。家康は景勝の謀反を疑い、上洛を勧告しますが、景勝は会津を動きません。このため、家康は会津攻めを決意し、六月十六日、大坂城を出て伏見城に入り、十八日には伏見から江戸に向かいます。関ヶ原の戦いの前哨戦となる会津遠征の始まりです。

家康に会津攻めを決意させたのが、有名な「直江状」だとされています。豊光寺の西（せい）

笑承兌が、上杉家の家老直江兼続に、景勝に謀反の噂があることを伝え、上洛を促すよう勧めた書状に対し、兼続が反駁した長文の書状です。たいへん内容のあるものですが、偽文書とされることも少なくありません。補講では、この点を考えていきたいと思います。

美文調の「直江状」

「直江状」（『古今消息集』三、内閣文庫所蔵）は、慶長五年四月十四日付けで、「今朔之尊書、昨十三日着、具ニ拝見、多幸々々」という文章で始まっています。兼続が、十三日に四月朔日付けの承兌書状を受け取り、翌日にはこの長文の返事をしたためたということです。承兌は、秀吉の外交文書を作成するなど、秀吉のブレーンとなった五山の僧侶です。兼続とも親しく、そのよしみで兼続に家康の意向を伝えて景勝の上洛を勧め、両者の間を取りなそうとしたものです。「具ニ拝見、多幸々々」という言い方が少しひっかかりますが、僧侶宛ての書状ですからありうる文章です。

ただ、ほかにも美文調の表現が多く、部将が書くものとしては不自然な感じがするのは事実です。一例をあげておきましょう。

一、雑説第一上洛延引故と御改、右如申定候事、
一、第二武具集候事、上方武士ハ今焼之炭とり・ふくへ以下の人たらし道具御所持候由、田舎武士ハ鑓・鉄炮・弓箭之道具支度申候、その国之風俗と思召、御不審有間敷候、……
一、第三道作り舟橋申付られ、往還之煩無之様ニと被仕候ハ、国を被抱候役ニて候条、如此候、於越州も船橋道作り候、……

「雑説第一……、第二……、第三……」という言い回し、「田舎武士ハ……」という文章など、部将の書いたものにしては名文すぎます。また、軍備を蓄えていないことを弁明しなければならない立場であるにもかかわらず、それは田舎武士の風俗だと言い切るところも、疑えば疑えます。

◎桑田忠親氏の説

桑田忠親氏は、概説書の中で、次のように書いています（『日本の合戦七　徳川家康』新人物往来社、一九七八年〈新装版〉）。

景勝が三成と共謀して東西から挙兵して家康を挟撃しようと企てたという確証は今のところ得られない。そのような俗説を裏づける文献があるけれど、それらはみな後世につくられた偽文書にすぎぬ。その代表的なのが有名な「直江状」である。これは上杉の重臣直江兼続が、京都豊光寺の長老西笑承兌和尚を通じての家康の詰問状に答え、上杉の立場と行動を弁明し、かえって家康の詰問に逆襲した痛快きわまる名文章である。しかし、残念ながらこれは後世の好事家の創作にすぎない。景勝の反逆は石田三成の挙兵とはまったく関係がなかったと見るべきであろう。

私も、景勝と三成が共謀して挙兵したというのは俗説だと考えています。挙兵した三成が、景勝や兼続に期待することはあったとしても、最初からそういう計画のもとで景勝が帰国し、家康に対抗したということはなかったでしょう。

しかし、「直江状」に、三成と共謀しているということが書かれているわけではありません。あくまで、家康の詰問に対して反論し、景勝の行動の正当性を主張したものです。桑田氏の直江状偽文書説は、それ以外に根拠もあげられておらず、そのまま受け入れることはできません。

◎中村孝也氏の説

『徳川家康文書の研究』（中巻、新訂版、日本学術振興会、一九八〇年）を編纂した中村孝也氏は、「直江状」について、次のように述べています。

家康が景勝に向つて詰問したことに対し、五月三日伏見に帰着した伊那昭綱の齎した景勝の返答は、上洛拒絶であり、四月十四日附で兼続が承兌に遣つた十六箇條より成る返書は、自分方の釈明よりも寧ろ家康に対する非難であり、「千言萬句も不入候、景勝毛頭別心無之候、上洛の義は、不罷成候様に御しかけ候條、不及是非候（中略）、讒人の申成實儀と思召、不儀之於御拵ハ不及是非、誓紙も堅約も入間敷候事（古今消息集）」と断言する程であるから、妥協の意志は毛頭も見えてゐない。昭綱が若松に下着したのは、四月十三日であり、即日承兌の勧告書を読み、翌日長文の反駁書を認めた兼続の心事は、主君景勝と共に既に決定してゐるのであり、今更思案を運らすまでもないのであつた（同上）。但し兼続より承兌に遣れる返書は後人の偽作だといふ説もある。

おおむね「直江状」で解説し、最後に「後人の偽作だといふ説もある」としています。中村氏は慎重で、「直江状」が偽文書だと決めつけているわけではありません。ただし、卯月二十七日付け島津義久宛て島津惟新（義弘）書状の解説で、惟新書状には伊那昭綱が伏見を出発するのが三月十日と書いており、「直江状」の「今朔日之尊書」という記述と齟齬があるから、「承兌と直続（ママ）との往復文書には、偽作の疑を挟むこともできるやうだ」としています。

一方、『上杉家御年譜』には、伊那昭綱と奉行増田長盛の家臣河村長門が四月朔日大坂を発し、十三日に会津に至って家康の命を伝えた、としています。同時代の一次史料である惟新書状の方を信じるべきなのですが、「伊那図書頭（昭綱）殿并御奉行中よりも、使者を被相添、去月十日伏見御打立、会津へ下向候」という情報は家康からの伝聞ですから、事実として確定しているわけではありません。

十三日あれば、急げば大坂から会津まで十分行けます。伊那らが、四月朔日付けの承兌の書状を持っていく可能性がないわけではありません。

ちなみに、秀吉朱印状を見ると、景勝に対しての奏者は、増田長盛単独、あるいは長盛と三成の二人という場合が多く、両名の連署状もあります（『大日本古文書　上杉家文書之二』八六〇号文書）。両名が景勝と深いつながりがあったことがわかります。三成失脚後、長盛が、家康との間を取りなすために使者を送ることは納得できるところです。

中村氏の曖昧な態度には、「直江状」を偽文書と決めつけることに一定の留保を付けたいという気持ちが窺えます。『古今消息集』三（内閣文庫所蔵）などの写本にしか収められていない史料ですので、原本を見て判断することもできません。

西笑承兌の書状

それでは、「直江状」の内容はどうでしょうか。私は、兼続でなければ書けない部分が多いと考えています。

もともと、景勝謀反というのは、越後春日山四十五万石を領した堀秀治が報じたとされています。慶長三（一五九八）年、景勝が越後から会津に転封となり、その後に秀治が越前北庄から入ったのです。越後は上杉家の本領で、春日山は景勝長年の居城です。秀吉没後、家康が好き勝手な行動をしているのを見るにつけ、景勝としても本領越後を回復したい、と考えていたとしても不思議ではありません。

こうした状況を前提として、承兌と兼続のやり取りを見ていきましょう。まず、承兌の書状の全文（日本戦史編纂委員撰『日本戦史関原役』参謀本部、一八九三年）を現代語訳して掲げておきましょう。

態と飛札で申し達します。景勝卿の上洛が遅滞していることにつき、内府（家康）様の御不審が少なくありません。上方の雑説が穏便でないため、伊那図書（昭綱）と河村長門を差し下らせました。この段は、使者の口上で申し達すべきですが、多年の付き合いがありますので、愚僧が困ったことと思い、手紙を差し上げます。香指原新地を取り立てられ、越後河口の道橋を作っているのはなんともよくありません。中納言（景勝）殿の分別だとしても、貴殿が御意見しないのは油断だと思います。内府の御不審も仕方のないことと存じます。

一、景勝卿に御別心がなければ、霊社の起請文をもって申し開きすることが、家康公の御内存です。

一、景勝卿の律儀の御心入れは、太閤様以来内府公も御存知のことですから、言い訳の内容が認められれば問題はないでしょう。

一、近国の堀監物（直政）が一々申し上げているので、堅く御陳謝がなければ、言い訳は立たないと思われます。よく御注意ください。

一、当春、北国の肥前（前田利長）殿も謀反を疑われましたが、内府公の順路な思し召しで疑いが晴れ、静謐になっています。これはみな前車の戒めとして、そちらでも兼ねて御覚悟しておいてください。

一、京都で増右（増田長盛）・大刑少（大谷吉継）が、万事内府公へ話をされているので、御言い分は両人へ御申し越してください。榊式太（榊原康政）へも仰せ越されるといいと存じます。

一、何と言っても、中納言殿の御上洛が遅れていることによりこのような状況になっているのですから、一刻も早く上洛するように、貴殿がはからう必要があります。

一、上方でもっぱら取り沙汰されているのは、会津で武具を集めていることと、道橋を作っていることです。内府公がひとしお中納言殿の上洛を御待ちになっているのは、高麗へ使者を遣わしているので、もし降参しないならば、来年か来々年か、軍勢を遣わすことになり、その御相談をなさるということですから、御入洛は早い方がよく、その上で親しく御言い分けをなされるよう、少しでも早く御上洛すべきです。

一、愚僧と貴殿は数カ年親しく付き合ってきましたから、いまの状況を心配し、この手紙を書いています。会津の存亡、上杉家の興廃が決まる時ですから、よく思案されることが大切です。万端、使者の口上に申し含めています。頓首

豊光寺
承兌

卯月朔日

直江山城守殿
御宿所

「直江状」が信頼できる理由

この承兌の書状に対し、一々反論したのが「直江状」です。まず、承兌の五ヶ条目に対する返事（直江状の七ヶ条目）について考えてみましょう。

【釈文】

一、増右（増田長盛）・大刑少（大谷吉継）御出頭之由、珍重々々ニ候、用所之義可申越候、榊式太（榊原康政）表向之取次ニ而候、然ハ景勝逆心歴然ニ候とも、一往及異見候而こそ侍の筋目、又ハ内府様御ためにも可罷成之処、讒人の堀監（直政）物奏者を被仕、種々之才覚を以て可被申妨儀ニてハ無之候（歟脱カ）、忠臣か、御分別次第重而可頼入事、

【現代語訳】

一、増右と大刑少が御出頭とのこと、珍重です。用件はそちらに申し越しましょう。榊式太は景勝の表向の取次です。それなら、景勝の逆心が歴然であっても、いちおうは意見するのが侍の筋目というもの、また内府様の御為にもなるでしょうに、讒言をする堀監物の奏者を務め、さまざまな才覚で景勝を妨害しているのではないでしょうか。康政が忠臣なのかどうか、よく御考えになり、その上で頼み入ることになるでしょう。

兼続が「増右・大刑少御出頭の由、珍重々々」というのは、まったくの皮肉です。この

状況で皮肉が言える神経は大したもので、これも「直江状」が疑わしいとされる理由かもしれません。しかし、周知のように吉継は、関ヶ原の戦いで三成に協力して西軍に属し、最後まで戦います。後世の好事家なら、ここに吉継を登場させないのではないでしょうか。

また、「榊原康直が取次ならば、逆心が明らかでも一応は景勝に意見するのが侍の筋目だ」というくだりなどは、取次にあたる者に期待された行動が正確に指摘されていて、決して後の人には書けません。

承兌が七ヶ条目に書いている朝鮮への再出兵云々というくだりには、親しい仲だから嘘は言わないと言いながら、そんな大嘘を言うとは大笑いだ（十一ヶ条目）、と言っているのも、もし偽文書ならば決してない文章でしょう。当時の兼続にさえわかる嘘ですから、なおさら後の人には想像も付かないことだと思われます。

一番注目すべき条項は、次の十三ヶ条目です。

【釈文】

一、千万句も不入、景勝別心毛頭無之候、上洛之儀ハ、不罷成様ニ御しかけ候条、不及是非候、此上も　内府様御分別次第上洛可被申候、たとひ此侭在国被申候とも、太閤様御置目相背、数通之起請文反古ニなし、御幼少の秀頼様見放被申、内府様へ不首尾を被仕、此方より致手出候てハ、天下之主ニなられ候共、悪人之名不遁候條、末代之可為恥辱候、此処無遠慮、何しに逆心可被仕候哉、可御心安候、但、讒人之申成実義と思召、不儀之於御挊ハ不及是非、誓紙も堅約も入間敷候事、

【現代語訳】

一、千言万句も入りません。景勝にまったく別心はありません。上洛のことは、できないように仕掛けられているので、仕方がありません。この上は、内府様の御分別次第に上洛されるでしょう。たとえこのまま在国されても、太閤様の御置目に背き、数通の起請文を反古にし、御幼少の秀頼様を見放されて、内府様へ逆らい、こちらから手出ししたのでは、天下の主になられたとしても悪人の名から遁れることはできませんので、末代の恥辱となります。そこのところを無視して、どうして逆心なさるでしょうか。御安心ください。ただし、讒人の言うことを真実とお考えになり、不儀の策略を講じるのであれば致し方もなく、誓紙も堅約も無意味でしょう。

上洛について、「上洛できないように仕掛けられているのだから仕方がない」と言いながら、「内府様の御分別次第に上洛されるだろう」という、一見矛盾と見える表現があります。一夜のうちに書き上げた文章なので、これは仕方のないことかもしれません。

この部分の文章は、一見すると家康を非難しているようですが、文脈をたどると、このやり方で景勝が天下をとっても、悪人の名を遁れることができず、末代の恥辱となるのでそんなことは決してしない、と言っています。敬語が、主君である景勝に使われているので、わかりにくいのです。あるいは、全体が、家康に対する皮肉のつもりなのかもしれません。

別の写本によったと見られる『日本戦史関原役』では、「追って、急ぎ候間、一遍に申し述べ候、内府様又は中納言様（徳川秀忠）御下向の由候間、万端御下向次第に仕るべく候、以上」という追而書があります。家康か秀忠が御下向した時に、というのは、あまりに挑発的な文章で、まさかここまで書かないだろうと思わせます。これは、後の人が書き加えた部分かもしれません。

全体として、「直江状」の文章に後人の手が加わっている可能性は否定できませんが、当事者しか知り得ない事実がかなり書き込まれています。おそらく、兼続が書いた原本か写しが存在したと思われます。

◎上杉景勝謀反の真実

そこで、この両者のやり取りを前提に、確かな史料を使って当時の情勢を概説すると、次のようになります。

慶長四（一五九九）年八月、景勝は会津に帰国します。家康の子秀忠は、「近くを通ったのですから、立ち寄っていただけるかと思っていましたが、直接帰国されたのは残念です」と書状を送ります（『大日本古文書　上杉家文書之三』一〇九二号文書）。

帰国した景勝は、領内の仕置きにあたり、それを家康に報告し、家康もそれを「尤候」と認めています（同前、一〇八九号文書）。この場合の仕置きは、支城の修復や道作りなども含んでいると考えられます。景勝は会津に移ったばかりですから、当然、そうした必要があったでしょう。

慶長五年に入ると、会津との境目の堀秀治の領地で越後の国侍が一揆を起こします。これを景勝が手を引いているものと考えた秀治は、二月、景勝謀反を家康に報告します（児玉幸多編『御当家紀年録』集英社、一九九八年)。こうして家康の景勝詰問が行われることになったのです。

これを記している『御当家紀年録』は、越後高田藩榊原家で作成されたものですから、この取次には、当時、上野国館林城主で、家康「四天王」の一人だった榊原康政があたったのでしょう。康政が、慶長五年の緊迫した状況の中、毛利家との間にも立って家康の取次として動いていたことは、当時の史料から確認できます。

当時、新しく入った領主に対して、在地の地侍が蜂起することは珍しいことではありません。秀吉の死後、中央政権が空白状態になっていることは明らかでした。その混乱に乗じて、そうした行動があったことは怪しむに足りません。裏で景勝が手を引いていたかどうかはわかりませんが、越後回復は景勝の悲願だったと思われますから、それも十分にありうる話です。

もし指示がなかったとしても、一揆勢は景勝の支援を期待していたはずです。これを堀家は、景勝の謀反として報告したのですが、承兌と兼続の往復書簡の中で、「堀監物（直政）」としていることも真実らしさを伝えています。直政は秀治の父秀政の従弟で、秀治の老臣として堀家を動かしていました。これは、その実体を語るものだと言えます。

家康の軍事行動は、景勝の謀反を口実に上方を離れ、石田三成に挙兵させるのが目的だった、というのが通説です。豊臣家五大老の地位のままでは、いずれ秀頼に政権を返還することになるので、三成の挙兵を待って軍事的決戦に持ち込み、一挙に覇権を握ろうとした、というのです。

直江兼続と石田三成

結果的に家康が関ヶ原の戦いの一日で覇権を握りますから、この説はほとんど定説になっています。しかし、緊迫した情勢の中で関東に向かう家康の行動は、そのように最初から結末を見据えたものと見ることができるのでしょうか。自分が上方を離れれば、上方で不穏な動きが起こる可能性があることぐらいは予想していたでしょうが、その危険を冒してでも会津に向かわなければならない事情があったと考える方がいいかもしれません。

堀直政が上杉家の不穏な動きを訴えてくれば、豊臣政権を預かり、関東に本拠を持つ家康は、大坂で座してそれを見ていることはできません。油断していると、上杉家が越後を攻略し、軍事的バランスが一挙に崩れる可能性がありますし、常陸の佐竹氏の動きも気がかりです。三成に挙兵させるためというより、もっとせっぱつまった決断だったと考えたらどうでしょうか。また、この時点で、秀吉恩顧の大名まで動員するためには、彼らから見ても会津遠征に相当の理由があることが必要だったでしょう。最初は大谷吉継までが家康に従って東下しようとしたことが、それを示しています。

一方、家康が上方を離れたのを見て挙兵した三成にとって、景勝は頼もしい味方となります。最初から申し合わせたということはなかったでしょうが、その行動に期待するのは当然です。

「兼々ノ調略任存分、天ノ與ト令祝着候」と書く六月二十日付け兼続宛て三成書状（『日本戦史関原役・文書』所収、出典は『続武者物語』）は、最初から三成と兼続が申し合わせていたことを示す文書です。これは、偽文書だと思います。同じ『続武者物語』に収録される「越後ノ儀ハ上杉本領に候へは、中納言殿へ被下置候旨、秀頼公御内意に候」と書く七月十四日付け兼続宛て三成書状は微妙です。三成が、上杉家の協力を得るため、こうした条件を出すことも十分考えられる状況でした。事実、家康が下野小山から上方へ軍を返した後、上杉家は越後に攻め入ります。

関ヶ原の戦いは、日本史上の大きな事件なので、後に偽文書が数多く作られたことと思います。したがって「直江状」が、注意して用いなければならない史料であることは言うまでもありませんが、一概に偽文書として捨て去ることができない内容を含んでいます。附録として「直江状」の全文書き下し（わかりやすさを考慮して句読点を入れました）を入れておきますので、読者の皆さんもぞれぞれに判断してみてください。

【附録・直江状】『古今消息集』三、所収

今朔の尊書、昨十三日着、具(つぶ)さに拝見、多幸々々。

一、当国の儀、其元において種々雑説申すに付きて、内府様(徳川家康)御不審の由、最(尤)もに候。さりながら、京・伏見の間にてさへ色々雑説止む時なく、況(いわん)や遠国と云ひ、景勝若輩と云ひ、似合いたる雑説と存じ候。苦しからざる儀に候の条、尊意を安んじらるべく候。重ねて連々聞し召し届けらるべく候事。

一、景勝上洛延引に付き、何かと申し廻り候由、不審に候。去々年国替、程なく上洛、去年九月下国、当年正月上洛申され候ては、いつの間に国の仕置申し付くべく候。就中(なかんづく)当国は雪国にて、十月より二月までは不自由の事、当国の案内者に御尋ねあるべく候。然ば、正月より雑説、全く上洛延引、景勝逆心、何者か具さに存じ、申し成す哉と、推量あたわず候事。

一、景勝別心においては、誓詞を以て成れども申し上ぐべき由、去々年以来の起請文反古に成し候はば、重ねては入らざる御事に候。

一、太閤様以来、景勝律儀の仁と思し召し候はば、今以て別義あるべからず候。世上朝に変じ、暮に化するの儀、存じ合わせ候事。

一、景勝心中毛頭別心これなく候へども、讒人の申し成し御糾明なく逆心と思し召し、是非に及ばず候。兼又、御等閑なきしるしに候はば、讒者御引き合わせ、是非を御尋ね然るべく候。左様にこれなく候はば、内府様表裏と存ずべき事。

一、北国肥前殿（前田利長）の義、思し召すままに仰せ付けらる由、御威光浅からず存じ候事。

一、増右（増田長盛）・大刑少（大谷吉継）御出頭の由、珍重々々に候。用所の義、申し越すべく候。榊式太（榊原康政）表向きの取次にて候。然ば景勝逆心歴然に候とも、一往異見におよび候てこそ侍の筋目、又は内府様御ためにも罷り成るべくの処、讒人の堀監物（直政）奏者を仕られ、種々の才覚を以て申し妨げらるべき儀にてはこれなく候（か脱カ）。忠臣か、御分別次第、重ねて頼み入るべき事。

一、雑説第一上洛延引故と御改め、右申し定むごとくの事。

一、第二武具集め候事、上方武士は今焼の炭とり・ふくべ以下の人たらし道具御所持候由、田舎武士は鑓・鉄炮・弓箭の道具支度申し候。その国の風俗と思し召し、御不審有るまじく候、たとへ世上にこれなき支度申し候て、不似合いの道具用意申され候とも、不肖の分限、何ほどの事これあるべく候哉。天下に似合わざる御沙汰と存ぜしめ候事。

一、第三道作り・舟橋申し付けられ、往還の煩いこれなき様にと仕られ候は、国を抱えらる役にて候条、此のごとく候。越州においても船橋道作り候。然れば、端々残り候てこれあるべく候。淵底堀監物存ずべく候。当国へ罷り移らる刻、しをき（仕置）をもこれなき事。本国と云ひ、久太郎（堀秀治）ふみつぶし候に何の手間入るべく候哉。道作るまでに行きたらず候。景勝領分は、越後は申すに及ばず、上野・下野・岩城・相馬・仙台・最上・由利・仙北へ相堺ひ、道作り何も同前に候に、自余の衆は何とも申されず候に、堀監物ばかり道作りに懼れ候て、色々の儀申し成し候。弓箭を知らざる無分別者と思し召さるべく候。景勝天下に対し逆心の企てこれあらば、諸境目堀切り、道を塞ぎ、防戦の支度をこそ仕らるべく候へ、十方へ道を作り付けて逆心の旨、自然人数を向われ候はば、一方の防ぎさへ罷り成るまじく候。況や十方を防ぎ候事、罷り成るものにて候や。たとひ他国取り出し候とも、一方へこそ景勝相当の出勢罷り成るべく候。二口とも如何にして罷り成るべく候。中々是非に及ばざるうつけ者と存じ候。景勝領分道橋申し付け候てい（躰）、江戸より切々御使者、白川口の躰、御見分あるべく候。その外、奥州へも御使者下され、所々堺目の体見せられ候にて、御合点参るべく候事。

一、御等閑なき間とても、以来虚言に成るやうの儀は、自他のため仰せらるまじきの由に候へども、高麗降参申さず候はば、来々年は御人数遣し遊ばされ候は、誠に虚説たるべきか。一笑。

一、景勝、当年三月は謙信追善に相当り候の条、左様の隙を明けられ、夏中には上洛仕るべき内存故、人数・武具以下、国の覚え、仕置のために候条、在国中に急度相調え候様にと用意申す処に、増右・大刑少より使者申し越され候分は、景勝逆心不穏仕り候条、別心なきにおいては上洛尤もの由、内府様御内証の由、御等閑なく候者とて、讒人の申し成し有り様に仰せ聞けられ、急度御糾明候てこそ御懇切の印たるべき処に、意趣なく逆心と申し触し候条、別心なくば上洛候へなどと乳呑み子あひしらいに候事、是非に及ばず候。昨日まで逆心を企て候をも、その儀はづれ候へば知らぬ顔にて上洛仕り、或いは縁者、或いは新知行を取り、恥不足をもかへりみぬ人の交わりをなし候当世風、景勝身上に不相応に候。心中別義なく候へども、逆心天下に隠れなく候を、左なくと上洛、累代律義の名、弓箭の覚えを失ひ候条、讒人引き合わされ御糾明これなくば、上洛罷りなるまじく、右の趣、景勝理か非か、尊慮に過ぐべからず候。就中景勝家中藤田能登(信吉)と申すもの、七月半当国を引ききり、江戸へ罷り越し、夫(それ)より上洛仕る由に候。万事知り申すべく候。景勝罷り違ひ候か、内府様御表裏か、世上の御沙汰次第に候事。

一、千万句も入らず、景勝別心毛頭これなく候。上洛の儀は、罷り成らざる様に御しかけ候条、是非に及ばず候。この上も、内府様御分別次第上洛申さるべく候。たとひこの侭在国申され候とも、太閤様御置目相背き、数通の起請文反古になし、御幼少の秀頼様見放し申され、内府様へ不首尾を仕られ、この方より手出し致し候ては、天下の主になられ候共、悪人の名遁れず候条、末代の恥辱たるべく候。この処遠慮なく、何しに逆心仕らるべく候哉。御心安かるべく候。但し、讒人の申し成し実義と思し召し、不儀の御拵（こしら）えにおいては是非に及ばず、誓紙も堅約も入るまじく候事。

一、其元において景勝逆心と申し成し候ごとく、隣国会津働として触れ回り候。或いは城へ人数を入れ、兵粮を支度し、或いは堺目人質を取り、所々口留を仕られ、様々の雑説どもに候へども、無分別者の仕る事に候条、聞くも入らず候事。

一、内々内府様へ使者を以てなれども申し宣ぶべく候へども、隣国より讒人打ち詰め種々申し成し、家中より藤田引き切り候の条、逆心歴然に思し召さるべき処、御音信などと申し上げられ候は、表裏もの第一と御沙汰これあるべく候条、右の條々、御糾明なき中は申し上げられまじき由に候。全く疎意これなき通り、折節の御取り成し、我等においても畏れ入るべく候事。

一、何事も遠国ながら推量仕る儀に候条、有り様に仰せ聞けらるべく候。当世様へ余り情けがましき事候へば、自然誠の事もうそのやうに罷り成り候。申すまでなく候へども、御目に懸けらるといひ、天下黒白を御存知の儀に候条、書付進せ候。慮外少なからず候へども、愚意を申し宣べ、尊意を得べきため、その憚りを顧みず候由。侍者奏達。

恐惶敬白

慶長
四月十四日

直江山城守
兼続

豊光寺
侍者御中

おわりに

平成十七年の歴史学研究会大会のこと、曽根勇二氏と堀新氏が、豊臣秀吉関係文書研究会を作って、豊臣政権の研究者を集めて秀吉文書の研究をしよう、と提案してきました。私は、もともと豊臣政権を研究していましたが、職場の東京大学史料編纂所では細川家史料など江戸時代初期の文書の編纂にあたっていましたので、しばらく豊臣政権期の文書からは離れていました。しかし、三巻目で中断している『大日本古文書　島津家文書』の編纂再開をめざしていた時期でしたので、研究会立ち上げに賛同しました。

同年九月二十七日に第一回研究会が行われ、これまで十五回にわたって研究会が開催されました。あまり人数の集まらない研究会ですが、豊臣政権をめぐってさまざまな論点や史料が発表されてきました。この研究会の特徴は、史料の細部の読み方にこだわることを大切にしているところです。若手の研究者にも最新の成果を報告していただき、豊臣政権の研究がずいぶん進化していることを実感しました。

これらの研究報告に刺激を受けたこともあり、私は、これまで他の研究者が書いた論文を読み直し、引用史料を自分なりに読み込んでいきました。すると、基本的な史料が、あまり深く検討されないまま、議論がなされていることに気付きました。

そうした頃、柏書房の小代渉氏が、一級史料を素材に史料の正確な読み方を教えるような本ができないでしょうか、と打診してきました。私は、豊臣政権期を対象にすることを提案し、刀狩令を皮切りに執筆を始めました。

作業は、東京大学史料編纂所の書庫に架蔵されている写真帳を中心に行いましたが、執筆が進むにつれて、原本調査の必要性を痛感し、史料調査にも出かけました。

今年の正月には、立花家が経営する御花の新春講演会の講師に招かれました。その機会に、柳川文書館で刀狩令の原本調査を行うことができました。御花史料館学芸文化課長の植野かおり氏には、都城島津家文書調査委員会でともに委員を務めていることもあり、写真撮影まで依頼してしまいました。すばらしい写真をありがとうございました。

大阪城天守閣では、刀狩令や秀次の朱印状を見せていただきました。学芸員の北川央氏と跡部信氏からは、私が未調査だった刀狩令の所在や写真を御教示いただきました。

東京大学史料編纂所所蔵の島津家文書は、現在、九州国立博物館に預かってもらっています。昨年は、九博特別展「島津の国宝と篤姫の時代」のオープニング企画として、NHK大河ドラマ「篤姫」で大久保利通の母親役を演じた真野響子さんとトークショーを行いました。今回、どうしてももう一度刀狩令原本を調査したくなり、再び太宰府まで行きました。研究員の丸山猶計氏には、厳重に梱包されている島津家文書を出していただき、調査にも協力していただきました。

岩国は、二十数年前に一度行っただけで、当時、吉川家の屋敷は公開されていませんでした。現在は、吉川史料館が設立され、邸内と吉川家文書を公開しています。そこで岩国にも調査に行き、「人掃令」原本や〈人掃施行命令〉などを見せていただきました。学芸員の原田史子氏には、吉川家のお祀りを控えて忙しい中、調査に立ち会っていただきました。

毛利博物館の柴原直樹氏、松浦史料博物館の木田昌宏氏、神宮文庫の窪寺恭秀氏、天理大学附属天理図書館には、史料の写真収録にあたって大変お世話になりました。

刀狩令や人掃令に関わる史料調査の旅は、たいへん楽しいものでした。調査に協力していただいた方々に深く感謝いたします。

また、本書を書くにあたって、曽根氏には、長年にわたって秀吉文書を集成した貴重な「曽根リスト」からいろいろと史料を探していただきました。堀氏からも、新史料や豊臣政権研究の論文など、さまざまな情報を教えていただきました。そのほか、阿部勝則、片山正彦、須藤茂樹、千葉一大、津野倫明、播磨良紀、平井上総、堀越祐一、光成準治、矢部健太郎氏ら、これまで論文の抜き刷りを贈っていただいた研究者の方々にも、この場を借りて深く御礼を申しあげます。ようやく、抜き刷り拝受のお返事ができた気がします。

豊臣秀吉文書研究会では、ようやく文部科学省の科学研究費補助金の交付が認められ、今年度から豊臣政権の奉行人をテーマに、本格的な共同研究をスタートさせます。今から、成果が楽しみです。

なお、本書は、光文社新書で書いた『日本史の一級史料』の続編とも上級者編ともいうべきものです。研究者だけではなく、歴史や史料に興味のある方なら読めるように書いていますので、『日本史の一級史料』を読んだ方は、是非、こちらも読んでいただきたいと思います。

平成二十一年五月

山本博文

著者紹介

山本博文（やまもと・ひろふみ）
1957年、岡山県津山市生まれ。
東京大学文学部国史学科卒業。同大大学院、東京大学史料編纂所助手、同助教授を経て、
現在、東京大学史料編纂所教授。文学博士（東京大学）。

著書は、『寛永時代』（吉川弘文館）、『江戸城の宮廷政治』（講談社学術文庫）、『鎖国と海禁の時代』（校倉書房）、『島津義弘の賭け』（中公文庫）、『江戸のお白州』（文春新書）、『徳川将軍家の結婚』（文春新書）、『切腹』（光文社新書）、『日本史の一級史料』（光文社新書）、『お殿様たちの出世』（新潮選書）、『大奥学事始め』（日本放送出版協会）、『江戸の組織人』（新潮文庫）など多数。
1992年、『江戸お留守居役の日記』（講談社学術文庫）により第40回日本エッセイストクラブ賞受賞。

天下人（てんかびと）の一級史料（いっきゅうしりょう）――秀吉文書（ひでよしもんじょ）の真実（しんじつ）

2009年6月25日　第1刷発行

著　者　　山本博文

発行者　　富澤凡子
発行所　　柏書房株式会社
東京都文京区本駒込1-13-14（〒113-0021）
電話（03）3947-8251［営業］
（03）3947-8254［編集］

装丁者　　鳥越せい子
DTP　　ハッシィ
印刷所　　壮光舎印刷株式会社
製本所　　小高製本工業株式会社

ISBN978-4-7601-3556-1

柏書房の本

［価格税別］